望

基隆

船行年代的港城舊事

Gazing *at* Keelung

PORT CITY MEMORIES

在食衣住行樂等日常文化中
一道菜、一首歌、一則故事、一抹風景
城市生活裡諸多不經意的靈光碎片
背後都深深刻鏤著航港的印記⋯⋯

Foreword 推薦序

望基隆

陽明海洋文化藝術館
二十週年

圖片提供：大樹影像工作室　林靜怡

陽明海運股份有限公司／董事長・蔡豐明

從歷經時代烽火屹立基隆港邊逾百年之歷史建築，自 2004 年蛻變為「陽明海洋文化藝術館」，開館後即乘載陽明海運集團「海洋文化為經，人文藝術為緯」之理念，在基隆提供民眾一個與海洋文化邂逅的人文場域，透過不同形式策展活動串聯航運與生活，促使民眾不僅能認識家鄉、了解海洋環境，更為在地文化故事累積厚度，也是陽明海運集團呼應聯合國永續發展目標 SDG 4－優質教育及 SDG11－永續城鄉之最佳實踐。

20 年來的努力，陽明海洋文化藝術館成功創造許多在地社區共榮共好之美好記憶；包含海洋環境教育繪本的推動，透過出版繪本《聽大海在唱歌》強調海洋廢棄物對大海造成的影響、《洋洋和慢慢鯨》傳達船舶減速航行還給鯨魚健康生存的空間、《小鳶的寶石任務》讓黑鳶帶領讀者認識基隆城市特色；同時藉由《Re-Thinking 船廢零件再生計畫》，讓貨櫃輪不起眼的廢棄零件，搖身變為家居生活的實用家具，賦予廢棄品循環再造的生命力；此外各式結合在地文化與海洋運輸知識的走讀行動，如《陽明海運小學堂—校園巡迴》、《小小航海家冬、夏令營》、《海事職人初體驗》等。學童認真的互動、開心的笑容，以及參訪者對展品的驚艷，是陽明海洋文化藝術館扎根海洋文化教育最真實的回饋，更具體實踐陽明海運集團善用企業資源回饋社會之理念，也獲得文化部文馨獎「金獎」與「文化永續發展獎」、第四屆 TSAA 台灣永續行動獎銅級獎肯定。

在陽明海洋文化藝術館開館二十週年之際，以《望基隆》一書，透過由多數為基隆在地人之執行團隊，深入發掘基隆在地市民的生活回憶及其與海洋航運的緊密連結，並多處記載與陽明海運相關的故事，充分展現了基隆這座因港而興、與海共生的城市特色及人文軌跡，傳遞陽明海運對於基隆這座海港城市的深刻情感，更是陽明海洋文化藝術館以基隆作為深耕海洋文化之人文基地，伴隨基隆一起蛻變與永續成長最適切之紀念刊物。期待各位讀者在閱讀本書後，可以擇期到訪陽明海洋文化藝術館，體會海洋運輸與生活之關聯，更可以漫步城市各角落，領略基隆歷史與現代交會之城市魅力。

基隆市政府／市長・謝國樑

2024 年，基隆迎來建市 100 年的重要里程碑。這座位於台灣東北角的小城，自從 1924 年正式設市以來，經歷了許多歷史變遷，從早期的海港發展、戰後的都市重建，到現代的多元文化融合，基隆已逐漸蛻變爲一座充滿魅力的海港城市。

我自 2022 年接任基隆市長以來，一直思考如何推廣這座歷史豐富的城市，達成「在基隆看見世界，讓世界看見基隆」的目標。2023 年基隆新地標基隆塔開幕，我們邀請「遠見人文空間」進駐經營，把文化閱讀帶入基隆，持續舉辦各類閱讀活動，讓城市因閱讀而美好，以此孕育城市前進的力量。2024 年我們邀請知名藝文產業營運團隊必應創造，進駐基隆市沙灣歷史文化園區，成立 B'IN LIVE SPACE-KEELUNG。由市政府與民間攜手合作，將沙灣園區打造成融合音樂、文創的多功能園區，讓基隆朝音樂城市更邁進一步。

基隆是個持續前進中的城市，我們積極推動古蹟活化和文化創意產業，讓古老的歷史文化能與年輕人的脈動相呼應。例如近年落成的地標基隆塔，採取特殊的豎梯造型設計，構想其實源自港區的橋式起重機，呈現基隆海港城市的意象；而在動線設計上，也希望能將東西岸已然形成的開闊人本親海空間，經由哨船頭商圈，也就是日本時代有基隆銀座之稱的義重町，與基隆塔串接，進而將基隆的山、海、城串接在一起。

值此基隆建市百年的特殊時刻，特別推薦《望基隆》一書。上述動線的豐富歷史記憶與文化內涵，在書中皆有所闡釋，極具參考價值。本書以豐富的文獻資料、珍貴的歷史照片，呈現基隆這座城市的歷史演進與文化變遷，以及其與航港產業的密切關係，也爲基隆的未來發展增添更多思考與想像。

財團法人陽明海運文化基金會 / 董事長・邱增玉

台灣四面環海，具有豐富多元的海洋資源，並造就獨特的海洋文化，而在這塊土地深耕茁壯的陽明海運，以海為本，透過貨櫃商船穿梭於各大洋，為人們運送裝載著玲瑯滿目商品的貨櫃，成就人類便捷且無遠弗屆的日常。

陽明海運立足台灣、放眼世界，不僅積極發展運輸本業，也承擔著在地文化傳承與創新的使命，為了讓國人更深入了解海洋文化，逐步推動海洋文化願景事業。2005 年，陽明海運結合自身海運專業及海洋永續文化，成立「財團法人陽明海運文化基金會」，並著手整修一棟具有歷史意義的建築，於 1915 年日治時期落成，最初是日本郵船株式會社基隆出張所，戰後則成為招商局及陽明海運的辦公大樓。經過整修，該建築以「陽明海洋文化藝術館」全新身份重新開放，活化為見證百年海運歷史興衰的文化場所，提供民眾與海洋文化邂逅的機會。

2021 年陽明海洋文化藝術館再次進行重整，以全新的「基隆 1915」作為產業品牌識別，從設計出發，揉合企業歷史，結合海運、港口主題與專業知識，帶領大家一窺海運歷史文化，以及海運工作者的過往經驗、崗位職掌與工作日常。

2024 年是陽明海洋文化藝術館成立廿週年，我們思考如何將這座具歷史意義的文化館，與基隆這座倚山依海的港都結合，加深與群眾的溝通交流，於是製作推出《望基隆》一書。本書立基於文化館所在的基隆港，以航海人的視角望向遠方，說明航運業如何影響這座因港而生的城市文化，在食衣住行樂等日常生活在地文化中，有哪些與航港相關受大家所熟知又或陌生的記憶切片。

過去幾年，我們以文化館為基地，持續透過展覽、活動分享海洋文化，開啟對大海的無限想像，以喚起人們與海洋共生的連結。未來基金會將持續策劃多元文化及藝術行動，結合海洋及在地文化教育推廣，和各位一起航向更寬廣的海洋文化永續未來。

交通部航港局／局長・葉協隆

台灣是海島國家，海運是重要經濟命脈，95% 以上進出口貿易之貨物運輸有賴海運。全球前廿大貨櫃航運公司，台灣有三家，整體運能占比超過全球的 10%。

台灣既以航運立國，航港相關歷史亟待有心人保存整理，航港局近年也針對台灣航港歷史文化進行疏理，出版包括繪本、回憶錄、歷史專著等。同時也與陽明海洋文化藝術館合作，推出燈塔文化體驗活動，希望透過文化走讀的方式，讓民眾瞭解海上守護者燈塔的知識，走訪燈塔文物館、百年市定古蹟基隆燈塔與歷史建築陽明海洋文化藝術館等基隆重要歷史場域。

《望基隆》一書，以航港人的視角看待基隆港城的歷史變遷與文化記憶，正與航港局保存航港文化的理念相呼應，值得推薦給關心台灣航港發展的朋友，樂之爲序。

基隆市文化觀光局／局長・江亭玫

《望基隆》是一部以基隆地方記憶與情感爲核心的作品，讓人們透過一頁頁的書頁，感受這座城市的溫度與脈動。這座港都承載著海洋的呼吸與人們的夢想，而本書用細膩的筆觸描繪了我們生活中熟悉卻常被忽略的景象——無論是蜿蜒的巷弄、港口的鳴笛聲，還是巷口的小吃攤，都充滿了鮮活的生命力。

作爲基隆市文化觀光局長，我深感榮幸能向大家推薦這本書。基隆擁有得天獨厚的地理位置，山與海環繞，歷史與文化交織。本書細緻呈現了基隆的日常面貌，從交通的繁忙，到住宅的變遷，到口中的美味小吃，還有那些代代相傳的傳說故事，這些都是基隆的靈魂所在。《望基隆》不僅僅是一部地方志，更像是一扇窗戶，打開即可看見基隆人堅韌、包容的特質。

《望基隆》是給所有關心基隆、熱愛基隆的人的一份珍貴禮物。希望透過這本書，更多人能走進基隆，體會這座城市的美好，並且共同參與未來的建設。讓我們一起在基隆的過去、現在與未來中，找到屬於我們的故事與感動。

臺灣港務股份有限公司 基隆港務分公司／總經理・高傳凱

基隆港與基隆市的發展密切相關。日治時期前後,基隆港歷經五期築港工程,才打造現代化港口。建港過程中,除了進行築港工程外,還需要城市的協力配合,才能順利完成計畫。《望基隆》一書,由交通篇開始,詳細說明港口、鐵路、船舶、河運等不同面向的建設。讀者細心閱讀,可發現這些建設與港口,其實是環環相扣的,最終交織在一起,共同成就這座航港城市。

基隆港近年面臨觀光轉型,由過去單純以貨物為中心的思考,轉變為客貨雙軸心的發展策略,將「人」納入考量。基隆港務分公司積極推動相關業務,包括旅運相關設施的增添,並且將東西兩岸客運碼頭重新整建,未來可以接待當前世界最大 25 萬噸的郵輪停靠。整建完成的東、西岸旅運中心,未來可串聯郵輪廣場、國門廣場,將客運碼頭周邊發展為完整的國際水岸觀光區。

郵輪能帶來觀光客,但如何讓觀光客留下來,除了硬體建設的配合外,更需要整座城市的歷史文化支持。如何將基隆的文化資源轉化成動人的故事,吸引遊客,就是下一步的重要工作。《望基隆》一書提及許多有趣的案例,例如民俗傳說、飲食、流行文化等,其選取元素也都與航港密切相關,極能突顯基隆港都特色。

《望基隆》一書詳細說明基隆港與基隆城市的生成與演變,呈現城市港口雙元的互動關係,既是歷史的見證,也可作為未來藍圖指引,如同悠遊走讀於港都城市的時光隧道中,極具閱讀樂趣與價值。

吳三連台灣史料基金會／秘書長・戴寶村

基隆夙有「台灣頭」之稱，具有地理空間位置是「地頭」以及大航海時代台灣進入歷史書寫較詳細時代「開頭」的雙重意涵。基隆港周邊山嶺圍繞海灣天成，十九世紀中葉工業革命之後，基隆的港灣條件與周邊煤產，改變漁村基隆的風貌，四口開港通商後，基隆的貿易商況未盡繁興，但港灣及海防的重要性，引發清帝國的建設計畫。1895 年日本領台後將建設基隆港列為重大施政，「築港基隆期」真正是基隆脫胎換骨階段，港埠建設同步改造都市，1924 年基隆升格為市，奠定基隆港市發展基礎，使基隆擁有「港都」之名長達半世紀。

港口都市的發展原動力是航運和貿易，物流活絡經濟也吸引人群移入聚居，基隆西岸是海陸運輸交會的節點，基隆火車站的驛頭和岸邊泊船的碼頭，形構「基隆頭」的空間意象。日人建設港口並透過命令航路與補助航路，建立日台之間的航線聯結，1914-15 年大阪商船基隆支店和日本郵船基隆支店的紅、白建築先後矗立在此海陸交會的場域，歷經戰爭洗禮倖存的日本郵船基隆支店建物，使用單位從招商局到陽明海運，進出港船隻也從 NYK 到 YML，此建物再轉化為陽明海洋文化藝術館，以館體建物見證歷史，展陳文物讓人尋覓歷史。

《望基隆》這本書內容豐富，包括港口海陸交通建設，不同時期移民來到基隆以及從事百工百業的樣態，從住宅起居到飲食日常，擴及娛樂休閒影音傳播，也帶到傳說怪談引人入勝等，大方向構成篇章，配合小題材細探書寫，撰稿者各擅其長，參考資料都有所本，行文流暢引人閱讀，個人是曾經居住基隆近十年的基隆女婿，也曾論文研究基隆，但閱讀此書都一直有新發現。

2024 年剛好是基隆改制設市一百年，也適逢陽明海洋文化藝術館二十歲成年，館方編印出版本書可當作給基隆市的「世紀之禮」，2026 年是西班牙人來到基隆的 400 年，對基隆對台灣都有特殊的意義。

建築師　／　詹益忠

本書緣起於設館廿週年紀念，涵括基隆的交通、移民百工、住宅飲食、娛樂文化、傳說故事等篇章，內容豐富，風采煥然。基隆作爲港都，原本就是交通節點，自然吸引各地移民來此成家立業，而有多元之建築風格、飲食習慣、人文故事等。我曾默想基隆諸般情景，以四季嘉年華作爲城市敘事的構想：

春之築港物語祭｜全書首篇即介紹港之誕生、基隆崛起的故事。此時的基隆需要一個如橫濱的開港資料館。陽明海洋文化藝術館、舊有的基隆港合同廳舍、西二西三碼頭甚至延伸至向虎仔山延伸至太平國小都是歷史涵構、意義深厚的建築群，於此則可修復再利用串連成系列之生態博物館。

夏之普渡中元祭｜本書收錄中元普渡老大公、百工平安過難關等系列文章。基隆中元祭爲台灣宗教百景之一，考查其源起、發展與組織，作爲全台最具代表性的民俗祭典亦不爲過。整個活動中最精彩的莫過於主普壇點燈饗食各路兄弟的夜景，而周邊的基隆塔、中元祭祀文物館則有豐富的典藏與展示。

秋之仙洞火號祭｜本書特別介紹港都西岸，稱其爲航港人的落腳故鄉。火號山意象鮮明，仙洞巖、佛手洞也是集自然人文特色的文化地景，若能結合基隆燈塔、白米甕砲台、球子山燈塔等景點的縱走，連結高遠新村、築港紀念碑等，當能成爲吸引國際觀光客的景點之一。

冬之梓桑文化祭｜前幾年基隆在地青年自主發起的許梓桑古厝之清掃行動，帶動在市區、街角遇見基隆的藝術與創意，間接促成了林開郡洋樓的修復行動。然而，除了前述仕紳別莊之外，本書亦收錄了幾篇基隆平民住宅文化故事，極具特色。

本人忝爲基隆市文資委員多年，對本館張館長及前任黃館長致力於港都文化的整理發揚，深爲感佩。適逢設館廿週年而出版《望基隆》乙書，爲本港文化增添新頁，樂爲序並推薦之。

目 次 Contents

4　　　　　推薦序
14　　　　序章

Chapter.01　交通

23　　　① 北大港之誕生：基隆港的前世與今生
31　　　② 台灣鐵路的起點：接軌世界貿易的基隆鐵路
39　　　③ 大船怎麼入港？基隆船隻與在地發展
45　　　④ 消失的基隆功臣：舊四大港門的故事

Chapter.02　移民

57　　　① 海上移民的新故鄉：清領與日治時期的基隆移民史
65　　　② 海港城市納人潮：國民政府來台後的新移民

Chapter.03　百工

75　　　① 基隆苦力人才多：碼頭人打造的發展基礎
83　　　② 基隆出產的船：航向世界經濟的大海
91　　　③ 貿易的秘密世界：長崎泰益號與基隆貿易商
99　　　④ 台灣潛水百年歷程：從基隆打撈沉船到現代築港工程

Chapter.04　住宅

107　　　① 住宅百年物語：因港而生的基隆民居
119　　　② 深耕在地從屋到家：市民共組的公共住宅
127　　　③ 基隆西岸是故鄉：航港人的居住空間

Chapter.05 飲食

- 137　① 無招牌最美味：航港人最愛的港邊小吃
- 143　② 吃飽再上工！基隆碼頭工人的美食地圖
- 149　③ 基隆醬都行！探索在地經典醬料的美味故事

Chapter.06 娛樂

- 157　① 基隆大車拼：福祿西皮鬥起來！
- 163　② 下船後的溫柔夜色：卡拉 OK 的陪伴與風華
- 169　③ 基隆東岸商場考：從貯木池、停車場到商場的東岸簡史

Chapter.07 文化

- 177　① 電影裡的基隆：跟著基隆港口景色去旅行
- 185　② 基隆歌詞傳唱世人：流行歌裡頭的基隆風景
- 193　③ 真空管的微微噪憶：基隆的地方廣播節目

Chapter.08 故事

- 201　① 基隆港邊的中元：普渡老大公 百工平安過難關
- 209　② 雨港殺人事件！台灣推理小說與電影的經典文本
- 215　③ 林開郡足跡：見證基隆港的歷史巨變

- 222　附錄：特別感謝

Preface 序章
基隆之窗

撰文──編輯室

陽明海洋文化藝術館，是日治時期基隆西岸碼頭的重要建築，佇立在港邊已有百年歷史，望盡基隆港城的繁華盛世。

基隆築港，是劃時代的大事，整座城市都同步進行天翻覆的改造，市區改造、填海造路、鐵路規劃、運河疏濬，各方面搭配，才能打造一個航港機能完整的城市。受惠於日治時期築港的建設發展，文化館的建築落成於 1915 年，原是日本郵船株式會社在基隆的辦公室。建築師是著名的松山森之助及其助手井手薰，風格為文藝復興式建築，有斜屋頂、高聳的塔樓、羅馬半圓形拱圈等建築元素。

因建築位置處於基隆港的門戶必經之地，碼頭、火車站、合同廳舍皆在旁邊。1923 年皇太子裕仁親王（後來的裕仁天皇）來台視察「台灣行啟」，由基隆港登陸上岸時，即曾經過如今的陽明海洋文化藝術館。

日本政府領台後不久即設置「命令航路」，由官方出資，補助海運業者在特定航線行駛固定航班。台灣最主要經營命令航路的業者，即為日本郵船株式會社以及大阪商船株式會社。隨著台日貿易日漸活躍，基隆由於距離日本本土最近，所有往來台日的航線都會停靠基隆港。其中利潤最豐厚的路線為「基隆—門司—神戶」，本書即有介紹當時門司港的香蕉拍賣及相關的歌謠。

基隆由於築港而航運興盛，加上煤

礦業的發達，在日本時代人口數量是全台第四大城市，並於 1924 年正式設市。韓國、琉球等四方移民湧入，由於基隆市區腹地狹小，很快面臨住宅短缺，政府採取鼓勵民間蓋慈善住宅、成立組宅組合等方式。隨著貿易及產業的開展，書中可以看見長崎泰益號華商的貿易世界、七號房慘案、林開群洋樓的傳說等，這些故事的背景都立基於基隆航港城市的商業及流動性格。

至太平洋戰爭末期，美軍開始對台轟炸。基隆港是重要軍事港口，且為日本人居住的重點城市，在戰爭期間遭受空襲超過 50 次。由於基隆山城的特殊地形，所以沿山挖築了非常多的防空洞。日本郵船株式會社也遭受空襲波及，具代表性的尖頂塔樓損毀。

戰爭結束後，國民政府來台接收，1946 年，輪船招商局成立台灣分店，接收並整修本建築。斜屋頂仍保留，但塔樓已不復存。戰後百目瘡痍，首先要恢復港口運作，打撈沉船為首要任務，打撈行與潛水夫扮演重要角色。

1949 年國共內戰，中華民國政府戰敗撤退來台。招商局在過程中承擔重要任務，包括故宮博物院、中央博物院、中研院史語所、中央圖書館、外交部、北平圖書館的文物國寶等，都由招商局分批遷運來台；此外還有大批的軍公教人員、中央研究院的學人等等。這些人來到台灣的第一站，就在基隆。

1955 年大陳島撤退，撤離的大陳居民都先在基隆港上岸，然後在基隆停留大約一至兩個星期後，政府再按職業志願名額協助安排分發。在基隆也有一批大陳義胞留下，主要從事漁業或航運，也有一些人進入招商局與之後的陽明海運工作。

1971 年中華民國退出聯合國，1972 年日本與中華民國斷交，在國際情勢日益不利的情勢下，由於招商局為國營，為防止招商局旗下資產被中華人民共和國以「中國的繼承者」的身份強行接收，招商局投資成立陽明海運，並將絕大多數部門移至陽明海運，招商局逐漸只剩管理處。

陽明海運成立之時，適逢航運界迎來貨櫃化浪潮。1972 年高雄港啟用台灣第一個貨櫃碼頭。基隆港也隨後跟進設立，推動了基隆港發展的高峰，至 1987 年，基隆港成為世

界第七大貨櫃港，造就了基隆的繁華盛世，許多電影、流行歌曲裡都可見基隆的意象：雨水、海風、船舶、漂泊的男子，形塑我們對港城的印象。

但另方面，貨櫃化除了有效節省貨物運輸成本，減少碼頭作業時間外，也改變了碼頭工作的方式。過往以大量碼頭工人進行裝卸作業的模式，如今逐漸被大型機具取代，至1999年基隆港務局將碼頭工作民營化後，大量碼頭工人失業，原先由碼頭工人所構成的港口文化及相關產業，也隨之沒落或轉型，例如本書所介紹的卡啦OK。

2000年初，陽明海運討論如何回饋社會，在盤點資源時，發現這棟建於日本時代的舊建築，思考如何讓其成為文化教育的場所，讓學童可以接觸海洋文化相關的事務，最終決定將其轉型為博物館，並同步設立基金會來支持其運作。2004年，陽明海洋文化藝術館正式落成開幕，迄今已廿年。

這棟建築從日本時代成立迄今，見證了基隆的重要歷史轉折，日本時代的繁華、二次大戰的轟炸、政權轉換、國共內戰、中華民國退出聯合國國際局勢變易、貨櫃航運浪潮與碼頭工人的消逝等複雜的歷史過程。現在則由陽明海運改建為文化館，成為民眾了解海洋及基隆地方文史的場所。

文化館承載了許多歷史記憶的重量，同時因位處港埠、火車站、海港大樓的交會之處，由四樓的落地大窗向外遠眺，可得見許多歷史轉折的痕跡。因此，我們規劃此書，擬從文化館出發，望向四方，凝視港口，了解港與城的共生關係。從交通、移民、百工、住宅、飲食、娛樂、文化、故事八個篇章，用新的航港角度，重新訴說關於這座城市，你可能聽過的一些故事，賦與其新的意義。

這些篇章主題，意在說明基隆市港的綿密關係，在食衣住行樂等日常文化中，一道菜、一首歌、一則故事、一抹風景，城市生活裡諸多不經意的靈光碎片，背後都深深刻鑴著航港的印記，與山風海雨共同造就了我們的生活與記憶。⚓

Chapter.01

交通

Traffic
in Keelung

你今天是怎麼來基隆的呢？

來基隆的方式很多種，早在清領時期，人們就搭著戎克船來基隆港進行貿易，或是乘舢舨與小筏在四大港門間穿梭。

到了日治時期，隨著基隆港的建設和鐵路系統的完善，這裡從一個小漁村逐步成長為重要的貿易港口，成為許多外地移民來台的首站。交通方式也變得更加多樣化，包含了大型商船和鐵路運輸。

隨著現代經濟的發展，公路系統不斷完善，基隆的交通更加便捷，然而昔日的運河系統卻逐漸消失。鐵路經過數次改革，基隆曾在過去的百年裡達到世界貿易量的巔峰，現在則逐步轉型為郵輪的重要停靠港。

無論你是怎麼到基隆的，沿途的風景和故事都值得細細品味。歡迎來到基隆！

基隆港原始海岸的樣貌。圖片提供：雞籠卡米諾。

TRAFFIC ①

北大港之誕生

基隆港的前世與今生

撰文──雞籠卡米諾／單彥博

二十世紀初，工業革命的浪潮席捲台灣。日治時期，基隆成為台灣通往日本最重要的門戶，「現代化的基隆港」正式登上世界舞台。與此同時，因港而生的基隆市街迅速成為世界級城鎮，港邊林立起許多重要的建築、交通設施、機構和公司。船業和商品貿易的繁榮推動了基隆的發展，北部大港的偉大航程從此展開。港口的建設是現代基隆的起點，但這個曾經的小漁村究竟是如何一躍成為世界級港口的？

百年內的基隆大躍進！
從漁村到現代化港口

基隆港發展的歷史可以粗略的分為三個時期，「漁村基隆」、「築港基隆」、「擴港基隆」。根據文獻記載，清領時期劉銘傳建立了基隆的第一個碼頭，可停泊大型船隻，並連接

Chapter.01 交通　23

築港計劃結束後，基隆呈現嶄新面貌。圖片提供：雞籠卡米諾。

乘載貨運的火車站。當時，基隆還保有原始的海岸線，也沒有先進的碼頭設施，並且居民的居住型態還以漁村為主，因此這階段的基隆可被稱為「漁村基隆」。

二十世紀初期，隨著大量的蒸汽船開始往來於基隆與日本間，基隆港受惠於日治政府的築港工程計畫，在1906～1928年（明治三十九年到昭和三年）間，大量興建現代化水泥碼頭，因此1930年代時，它已經以全新的面貌展示在世人面前。

港內包含建造內港海岸平整深水碼頭、海岸河川堤防工程、深濬港口，甚至鑿除港內清代基隆八景「鱟嶼凝煙」的鱟公島、鱟母島。

除了工事困難外，第二期築港工程的重點在於海陸連接與港市規劃。這項工程與當時的市區改正政策相結合，使基隆開始華麗變身，市區愈加繁華。當時，市街上充斥著摩登商品的基隆銀座（義重町）、頻繁載運旅客的基隆火車站，以及可停靠萬噸級郵船的水泥化碼頭。基隆在工業革命後的發展，使其成為重要的商業與交通樞紐。

國民政府來台後，修復二戰期間毀損嚴重的港灣。然而，1950年代後，基隆港依舊逐漸不敷使用，因此，1957年的基隆港，迎接了重大轉變。當時，基隆港碼頭編號原先只到「18號」，但在此擴建工程後，原本的「18號碼頭」變為「西岸18號碼頭」，而全部碼頭的編號，也增編至「西岸33號碼頭」，讓基隆港西岸全部水泥化。既然特

別指出「西岸」，那就表示在日治時期東岸未曾出現的碼頭，也在這個時間點出現了！隨著基隆港東邊自然海岸線逐漸消失，以及大沙灣海水浴場隨之關閉之下，基隆港擴建時，東西兩岸共增加到 56 座碼頭。如此的新樣貌直到現在，都可被稱為「擴港基隆」。

那些你不曾看過
卻重要的碼頭設施

國民政府來台之後，開始大力修復整頓基隆港。當基隆港的擴建計畫啟動後，碼頭作業區迎來新風貌，西岸碼頭增加萬噸級的穀倉；基隆燈塔下方，也出現新型貨倉。此貨倉與日治時期的倉庫不同，四面拱形的立面加上玻璃窗，彷彿基隆港邊有著大型的機場航廈，尤其是內部結構沒有過多的柱子，讓囤放貨物的面積大增，與老舊的倉庫相比，更有現代化碼頭的樣貌，基隆港的火車支線，臨港線，也延伸到西岸的碼頭各處，得以運送貨物到台灣各地。

這個時期的基隆港，隨著碼頭的復甦，相關的從業人員也逐漸增加，甚至開始吸引中南部的民眾「北漂」到基隆工作，不同用途的大型碼頭設施以及大量忙碌的勞動人力所交織的景象，不只成為了當時基隆港每天的日常，也可說是台灣社會逐漸走向復甦並繁榮的象徵。然而港口的發展越穩定之時，也是碼頭即將再次轉變的時刻。

1969 年 8 月 23 日是基隆港非常重要的一天。那天，港內首次迎接了全貨櫃輪船「仙姆斯號」的入港，雖然仙姆斯號入港時，基隆港內還沒有安裝可調度貨櫃的橋式起重機，但仙姆斯號的到來，也象徵無法抵擋的海運「貨櫃化」趨勢。

因此，1972 年第二突堤深水碼頭竣工後，1975 年 7 月長榮海運的長春輪成為第一艘由基隆港出發的貨櫃船，與此同時，基隆港邊的景色也開始轉變。

照片拍攝於 1984 年。此時港邊可看到不同樣式的碼頭設施。圖片提供：雞籠卡米諾。

如果現在到基隆港西岸球子山的山頂上往碼頭望去，可以看到相當「單純」的景觀，主要的碼頭設施只有各式各樣的貨櫃、橋式起重機、門式起重機、堆積機、跨載機，此外，再也沒有其他大型的碼頭設施。因為那些前面所述，例如經由美援興建的萬噸穀倉、現代化貨倉及鐵路臨港線，都因貨櫃化的發展而被拆除。直到現在，長頸鹿（橋式起重機）林立的貨櫃碼頭，成了基隆港最常見的景色。

基隆港帶來的市街變革

當台灣總督府建立嶄新的基隆港後，為了彰顯治理台灣的決心，便要求日本的郵船公司設立往返日本與台灣的船班。由此，基隆港成為通往帝國本島的主要門戶，其重要性不言而喻。當時，為了讓來自日本本島或海外的外國人抵達台灣時，能對台灣總督府的治理留下良好印象（即台灣現代化的印象），基隆港的西二、三號碼頭與基隆火車站之間被刻意塑造成一個現代化的港灣城市。此外，由於當時的建築師多採用西方建築樣式，基隆港邊也開始出現多棟歐洲風格的建築。

尤其是 1908 年（明治四十一年）完工的「第三代基隆火車站」，堪稱當時歐式風格的經典之作。其他類似風格的建築還包括基隆市中心最顯著的「基隆郵便局」，以及由知名設計師森山松之助所設計的「日本郵

船株式會社基隆出張所」和「大阪商船株式會社基隆出張所」。這幾棟建築都是基隆港迎接外人的重要門面，展現了基隆港的繁榮與現代化。

日本郵船株式會社基隆出張所，是外觀具有新古典主義的鋼筋混泥土結構建物，對當時的基隆來說，可是十分華麗，可惜在二戰時期的大轟炸中，本棟建物受到嚴重的毀損（大阪商船株式會社幾乎被夷為平地），即便修復後，後來被招商局使用，但原本高聳的塔樓，以及特殊的虎眼窗都已經消失，僅剩原本一樓拱形的走廊、背立面對外走廊以及斜屋頂還能隱約看到原本的樣貌。然而，此建築物主結構，依舊被完好保存著，2004 年，陽明海運的陽明海洋文化藝術館成立，並

1921 年（大正十年）基隆新原書店所發行的明信片，主題為日本郵船株式會社基隆出張所，即今日陽明海洋文化藝術館前身。圖片提供：雞籠卡米諾。

1929 年火車站周圍的照片，可明顯看到基隆火車站與兩棟郵船大樓。照片出自 1923 年（大正十二年）四月八日，大阪朝日新聞一萬四千八百四十三號附錄《攝政宮殿下台灣行啟紀念》。圖片提供：雞籠卡米諾。

Chapter.01 交通

將此建築當作主要場館，雖然改造了一點建築物空間，然而觀眾依然可再踏入此地方時，透過介紹便可了解基隆港與其帶來的市街演變。

踏在歷史上，找到港之未來

自二十世紀初，基隆港現代化開始，基隆便迎來四面八方的旅客，成為了世界航路的一部份，藉由船舶及貨物的往來與世界產生連結。雖然後來它歷經戰爭的摧殘，但二戰後港口逐漸復甦，迎接最輝煌的時期。大量碼頭工人辛勤工作，讓碼頭成為基隆的不夜城，1984 年基隆港成為世界第七大貨運推吐量的港口，見證了台灣經濟的勃發年代。2000 年後，西岸碼頭逐漸安靜，因為台灣產業的轉型，以及貨櫃取代傳統搬運勞動力，加上亞洲有其他更新更大的貨櫃港，在各種不利因素因素的影響下，基隆港無法再提供大量的工作機會，但也因此出現新的產業。

原先以裝卸貨物為主的基隆港，在近幾年頻繁出現大型的郵輪。從 1997 年開始麗星郵輪開始以基隆港為母港，基隆人開始看見的五萬噸寶瓶星號停靠在港邊，到 2024

基隆港使用分區規劃。

28　望基隆：船行年代的港城舊事

年,十七萬噸的「地中海榮耀號」也頻繁現身於基隆人眼前,都顯示基隆港的改變。

除了原有的貨運機能之外,近年基隆港也發展郵輪旅遊的市場,除了東岸有旅運中心及美麗的空中花園外,西岸碼頭倉庫,也在觀光潮流下,修建成旅客郵輪中心。以這座具有港口文化發展意義的歷史建物,迎接來自世界的遊客,是百年的基隆港的新方向,更是結合文化與在地產業的案例。

現在的基隆港,只要有郵輪停靠在港邊的日子,來自世界各地的旅客,讓原本就跟世界接軌的基隆市,更加有活力。因為旅遊業的興起,近港的街道也逐漸改善其市容,原本都是汽車通行的車道,開始有方便市民行走的廣場。基隆港,正在連忙修正前進的腳步,繼續延續港之韌性精神。⚓

小 知 識

★ 基隆港內的渡船

日治時期開始基隆港內便有渡船(接駁船)可以搭乘,當時被稱為「海上出租車」,可以從基隆內港搭船到沙灣海水浴場,到了昭和時期已經使用有動力的小船,根據紀錄有三艘約 20 人座的船隻可以搭乘,分別是白龍號、雲龍號、白鳥號,當時票價是港內單趟一圓,來回則是一圓七十錢。

★ 日治時期基隆港築港工程時段

第一期築港計畫 1895～1905
第二期築港計畫 1906～1928(追加工程 1912～1928)
第三期築港計畫 1929～1935
第四期築港計畫 1935～1944

(基隆港第二期築港追加工程,有些學者稱之為第三期。 所以分期上有四期與五期不同說法,本文採四期說。)

作者・單彥博

Mike,雞籠卡米諾創辦人。雞籠卡米諾 Keilang Camino 是由一群基隆在地青年所組成的文化解說團隊,團隊的宗旨是希望可以藉由文化歷史的研究及活化,走出地方的一條道路。Mike 長年投入地方工作,願挖掘更豐富的基隆文化財產。

參考資料

- 《臺灣日日新報》。
- 陳凱雯,2018 年,《日治時期基隆築港之政策、推行與開展(1895-1945)》,秀威資訊。
- 基隆港務局編,1985 年,《基隆港建港百年紀念文集》,基隆港務局。

台灣第一座鐵路隧道「獅球嶺隧道」南端口上方題字「曠宇天開」。

TRAFFIC

台灣鐵路的起點

接軌世界貿易的基隆鐵路

撰文──編輯部

日本統治時期，基隆港迅速崛起，成為北台灣的交通樞紐。除了築港工程外，鐵路建設同樣至關重要。日本政府規劃基隆與高雄為南北兩大港口，縱貫鐵路將兩者連接。臨港線鐵路穿梭於港口和碼頭之間，構成基隆獨特的城市風景。隨著築港進行，臨港線從西岸延伸至牛稠港與仙洞町，戰後擴展到外港，形成特殊的鐵道網。然而，隨著城市發展和公路崛起，這些臨港線與支線鐵路逐漸消失，剩下一段承載著無數記憶的鐵道，等待被後人重新發掘。

基隆是台灣鐵路的起點

1887年（光緒十三年），台灣巡撫劉銘傳興建了台灣第一條鐵路，連接台北大稻埕與基隆港，這也是當時中國的首條客運鐵路。劉銘傳還在基隆開鑿了台灣第一座鐵路隧道

（左）1895 年日軍陸地測量部拍攝之清劉銘傳鐵道基隆站，即第一代基隆車站。圖片提供：台灣國定古蹟編纂研究小組。（右）第三代基隆火車站。圖片提供：國家圖書館。

「獅球嶺隧道」，並於南端口上方題字「曠宇天開」。

日本時代，由於鐵道路線急彎與陡坡不便，遂另行開鑿「竹仔嶺隧道」以改良路線，原獅球嶺隧道因此廢棄，轉作公路隧道，成為基隆與八堵之間的捷徑。戰後，該隧道因地理位置隱蔽，被劃為軍事管制區，民眾無法進入。直到 2003 年，隧道經古蹟修復後重新開放，現為市定古蹟，並採取預約導覽制。

歷經五代變身的火車站

1891 年（光緒十七年），「雞籠－水返腳」段鐵路通車，並在基隆車站現址北方設置了「雞籠火車碼頭」（約位於今西 4 碼頭），這是基隆的第一代車站。日治初期，政府建造了木造結構的第二代車站。到 1908 年（明治四十一年），因市區改正計畫，車站移至現今的城際轉運站位置，由建築師松崎萬長設計了第三代基隆車站，當時稱為「基隆驛」，是老基隆人懷念的經典建築。

基隆驛採磚造結構，中央正面設有醒目的時鐘塔樓，塔樓及兩側併列半圓拱窗，入口處有二樓陽台，並裝飾雕花欄杆，造型典雅莊重，是當時台灣具代表性的歐風建築之一。值得一提的是，日本時代保留至今的台灣最古老車站──新竹車站，也由松崎萬長設計，兩者風格相似。

基隆驛雖挺過戰火，卻無法抵擋時代的變遷。國民政府來台後，由於維修不佳、客貨運量增長導致空間不足，以及「皇民建築」的政治考量等原因，於 1967 年拆除第三代基

隆驛，並在原址興建第四代基隆車站。第四代車站改為鋼筋混凝土結構，外觀方正，陪伴基隆人近五十年，見證了戰後的黃金發展期。2015 年，第五代基隆車站啟用，配合都市更新，站體南移，月台向北延伸，設計仿「雞籠」外型。原第四代車站則成為城際轉運站的一部分，並保留了全台僅存的日治時期南、北號誌樓轉轍站。

港都獨有的臨港線與特殊鐵路景觀

對於老基隆人來說，臨港線無疑是陪伴航港人長大的重要鐵路。這條線路作為鐵路貨運的支線系統，連結了海陸交通。日本時代，為配合築港計畫，臨港線於 1911 年（明治四十四年）完成了西岸旅客碼頭線（西 1 至 2 碼頭），並逐步延伸至牛稠港。在牛稠港東北側設立了仙洞調車場（位於中山三路西 11 及 12 碼頭旁），負責貨運列車的調度和整編。最終，該線路於 1930 年（昭和五年）延伸至「新岸壁」（西 14 至 18 碼頭），並設立了「新岸壁取扱所」（今中山隧道南口旁，西 12 碼頭附近），方便辦理客貨運業務。今天的西 2 至西 4 碼頭則改稱為「舊岸壁」。

當今，若從基隆車站出發，首先會遇到西岸旅客碼頭線，該區域至今仍保留著西 2 和西 3 倉庫。這些建築的一樓用作倉庫，二樓則為旅客上下船的等候區。讓人懷念的還有火車在碼頭下船的情景。戰後，台鐵從國外進口的火車多數從西 4 碼頭卸貨，火車上岸後可以直接駛入車站。此外，還有一條支線連接西 5 碼頭，主要用於運輸軍方物資，是一條戰備軍用碼頭線。

臨港線上通往日本時代修築的仙洞隧道，原名牛稠港隧道。當時的計畫是將牛稠港挖深並設置儲煤場，因此原本沿岸壁興建的鐵道必須繞過牛稠港，挖掘隧道穿越山麓。儘管仙洞隧道如今被指定為歷史建築，但鐵軌已全部拆除，隧道入口也封閉未開放。這裡的交通極為繁忙，五條馬路交匯，包括中山三路、復旦路、光華路、中華路和通仁街。由於過去山區運送煤炭時流

貨物一下船，就可利用鐵路運送，此圖為新岸壁的臨港線。圖片提供：國家圖書館。

過往臨港線在基隆碼頭旁的路線以及沿線重要據點分佈圖。

籠匯聚於此,這裡又被稱為「流籠頭」,久而久之,成為老基隆人口中的「流浪頭」。

過了仙洞隧道後,臨港線分成兩支。一支往仙洞調車場(現中山三路西12碼頭旁)。為了應付基隆港吞吐量的上升,日本政府建設此調車場,眾多貨物等待列車運送,為方便車輛調度,在調車場內設置「雙K道岔」,是台灣極罕見的鐵道設施。

戰後國民政府為連接台肥一廠,下令鐵路局在1950年修築台肥支線。因火車轉彎角度較大,鐵路無法在出仙洞隧道後直接左轉,必須先到隧道右前方的仙洞調車場後,倒車切入支線,形成倒車前進的景觀,也屬實為基隆鐵路奇景。台肥支線過往也有基隆人懷念的場景。

雙K道叉。圖片出處:維基百科(提供人Miaow,CC-BY SA 3.0)。

鐵道經過通明市場，當時住在港邊的碼頭工人家庭，經常前來採購食材和生活用品。市場內每天人聲鼎沸，攤販多得甚至佔據了平交道和鐵軌，導致列車在進入台肥廠區前，調度工需先請攤販將鐵軌上的物品移開。列車通過後，平交道和鐵軌又再次被攤位所掩蓋。

臨港線上有一必介紹的場景，就是復興隧道。1955 年，政府因基隆外港擴建，設立了西 33 號穀物碼頭及穀倉，鐵路局在仙洞隧道北口沿復旦路興建了「基隆外港特種碼頭聯絡線」，與西 18 碼頭的鐵道相連。這條路線擁有全台唯一的鐵路公路共用隧道──復興隧道。外港聯絡線主要用於穀物列車的行駛，列車通過復興隧道時，需先清空隧道內的其他車輛，然後才能進入。

在流浪頭這一端，每到用餐時間，店家便隔著鐵路招呼生意，碼頭工人們常常結伴跨過鐵軌進入店面就餐；偶爾也有汽車停在火車行進的路線上，司機不得不下車尋找車主移車。這些都是基隆臨港線獨特的風景。如今，復興隧道已經拆除鐵軌，現只作為公路使用。

由於台肥支線及外港聯絡線的興

臨港線有部分路段是鐵路公路共用，所以圖中上方鐵軌與下方攤商之間並無隔阻。圖片提供：貴美雜貨店。

建，為了讓火車能在腹地不大的流浪頭順利移動，線路設計在復興隧道南口附近（復旦路 13 號旁巷子）垂直交會，形成「十字交叉」軌道，基隆臨港線因此連成環狀鐵道系統。這也是台鐵唯一的不同路線平面交叉設計。

戰後，台鐵將日本時代的「新岸壁取扱所」重新設立為「新碼頭」簡易站，成為臨港線上唯一存在的車站，並由站長負責管理。1970 年代，基隆港開始貨櫃化，原西 16 至 18 號散裝碼頭改為貨櫃專用碼頭，沿岸鐵路僅延伸至西 15 號碼頭，環狀系統因此斷線。隨後，高速公路的興建帶動了公路運輸的發展，加上高雄港與台中港的擴建與完工，使基隆港的地位逐漸下降，臨港線的運量大幅下滑，後期只剩下每日

兩班的列車，從西 30 號碼頭穀倉載運穀物到富岡站的麵粉廠。

基隆臨港線沒有電氣化，主要使用柴電車頭拖拉車。在出仙洞隧道後，由於平交道橫跨流浪頭的五條馬路，有些路口沒有柵欄，需要調度工協助指揮交通，列車以時速 25 公里通過，時常造成當地交通擁堵。此外，柴電車頭的噪音和經常讓騎士滑倒的平交道與路面鐵軌，令居民怨聲載道。因此，台鐵自 2000 年起分兩階段拆除台肥支線及仙洞調車場路線，僅保留連接西 4 碼頭的岸肩鐵道。2015 年第五代基隆車站啟用後，西 4 碼頭線也隨之廢除，基隆臨港線正式走入歷史。

消失的基隆支線

除了臨港線外，已經消失的南榮路旁宜蘭線，以及和煤礦產業緊密相關的玉田支線，也是許多基隆人深刻的回憶。

宜蘭線（八堵—蘇澳）建於日本時代，其目的除了開發蘭陽平原外，還可運輸瑞芳附近及三貂嶺一帶的豐富煤礦，對經濟和國防均有助益。在建設過程中，由於原基隆—八堵路線的爬升幅度對火車性能及駕駛技術造成相當大的挑戰，而宜蘭線已分段通車，原縱貫線的運載容量不足，因此日本政府於 1923 年（大正十二年）重新鋪設基隆—八堵路線，形成新縱貫線，原先的舊縱貫線則併入宜蘭線。這樣一來，基隆到八堵有兩條路線共四條鐵軌：一條新縱貫線從基隆通往高雄，另一條則是從基隆通往宜蘭。列車經過八堵時可直接轉向東部，而不必進行轉車操作。

另一條與基隆人回憶有關的支線為玉田支線。基隆三坑一帶在日本時代即開採煤礦，最初為木村組，後來由基隆炭礦株式會社接手，並有手推炭車專用軌道。戰後為運送煤礦，台鐵於 1948 年興建啟用玉田支線，由宜蘭線分歧，向北往基隆站方向延伸，止於成功陸橋東側，分歧處約位於今基隆市龍安街，長約三百公尺，為運煤專用側線。

宜蘭線及玉田支線的路線命運多舛。1970 年代即有省議員主張拆除鐵路後剩餘路基除供南榮路拓寬用外，可配合鄰近南榮河整治後的新生地，進行都更；且三坑地區煤礦多以卡車載運，火車效益不大。至 1979 年首先拆除玉田支線，原改在八堵站裝煤，但隨著煤礦業的沒

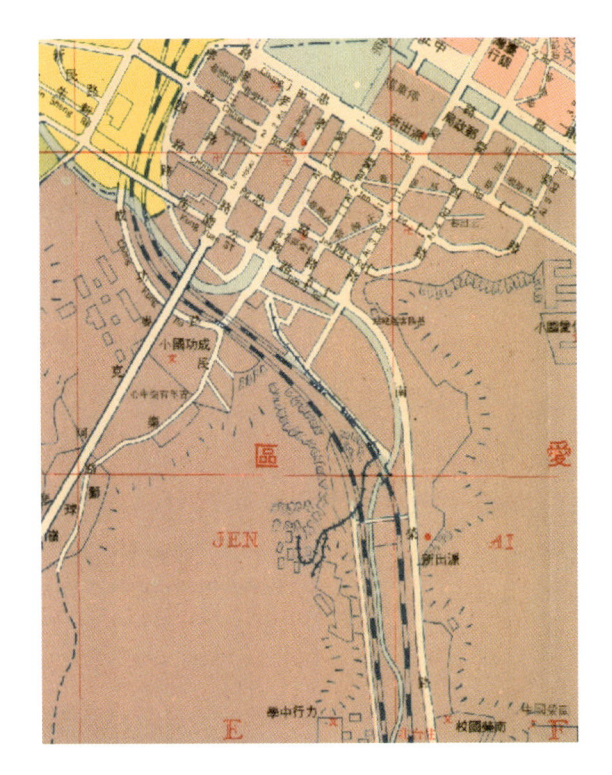

舊基隆地圖。上方為市區。中間可見兩條明顯的鐵軌，靠右貼近南榮路為宜蘭線，左為縱貫線，宜蘭線後來拆除。圖中與鐵軌交會的藍色路線，即為運煤用的玉田支線。圖片出處：中央研究院人社中心 GIS 專題中心〈基隆市街圖（1974）〉。

落，火車運煤景像也消失了。宜蘭線專用路軌則在 1990 年代拆除，改為與縱貫線共用，而基隆往宜蘭的列車班次也在 2005 年消失，只剩往平溪線的列車，要從基隆搭火車到宜蘭，只能到八堵或七堵轉車。

如今，基隆車站依然忙碌，每天提供基隆台北往返的上班族們，溫飽身心的安全路途。隨著基隆捷運的討論，未來也許會有新的軌道建設出現，晃悠悠承載著新世代的青春與記憶。⚓

參考資料

- 王奕蘋，2016 年 1 月 16 日，〈曾經的「台灣七大驛」之首，如今風華何在？被抹去時光刻痕的基隆車站〉，《關鍵評論網》。網址：https://www.thenewslens.com/article/34369。
- 時光土場，2023 年 8 月 24 日，〈連結世界的鐵路─基隆臨港線踏查〉，網址：https://vocus.cc/article/64d59d51fd89780001f5e0c4。
- 鄧志忠、古庭維，2010 年，《台灣舊鐵道散步地圖》，晨星出版。
- 蘭陽博物館，2021 年，《宜蘭線鐵道興建歷程調查計畫成果報告書》，宜蘭縣立蘭陽博館。
- 備註：此篇奠基於施博文先生兩篇資料而後改著與編輯而成。

Chapter.01 交通

停泊在基隆港的戎克船。由於戎克船多採「以物易物」形式進行貿易，導致船隻靠港時間往往較久，港邊時常出現眾多戎克船停泊一處的景象。圖片出處：Lafayette Digital Repository。來源：http://digital.lafayette.edu/collections/eastasia/lewis-postcards/lw0105。

TRAFFIC 3

大船怎麼入港？

基隆船隻與在地發展

撰文——林炫辰

基隆是個貿易海港，樣式繁多的船舶，是港邊不容錯過的一抹風景。在輪船尚未發明前，仰賴風力的帆船是航海的主要工具，像是平埔族使用「艋舺」進行海上貿易；17 世紀西班牙人乘大帆船來到基隆；漢人則善用中式帆船戎克船。20 世紀日本人建立了現代化港口後，船隻不僅變大，也變得更快，基隆港就隨著船隻的改變，而更迭它的未來。

戎克、舢舨與竹筏是基隆人的生活夥伴

在輪船尚未發明前，以風作為動力的帆船，是人們航海的主要工具。相傳早期居於基隆的平埔族巴賽人，善於使用一種名為「艋舺（Banka）」的邊架艇，航行於海上貿易。清康熙的《重修台灣府志》即有「欲至其地，必先舉烽火，社番會駛艋舺來引渡」的記載，描述當

Chapter.01 交通　39

時渡過八尺門至和平島的情景。而17世紀的西班牙人,同樣也是乘著大帆船,順著季風與黑潮,自馬尼拉沿著台灣東部來到基隆的和平島。

漢人早期則使用一種名為「戎克船（Junk）」的中式帆船進行貿易。航行範圍除中國與台灣間外,更擴及泰國、印度和馬來西亞等地。根據武內貞義所著之《台灣》記載,此種船隻堅固,且能在強勁的季風下,平靜地航於兩岸之間,並少有船難。日治初期,戎克船仍是兩岸民間交通及貿易的主要載具,直至大型輪船引入後,才逐漸被取代。

戎克船多用於長距離移動,而港內與河道等短距離航行,則以人力竹筏或舢舨,作為主要交通工具。早期台灣各地港口多泥沙淤積,大船為避免擱淺,會停於深水處,並以竹筏或舢舨接駁上岸。舢舨除了能行駛在港內,四大港門也都靠它接駁,因為舊時的運河繁榮,如崁仔頂漁市的出現,也與過去人們乘著舢舨,自港口駛入河川運送漁貨有

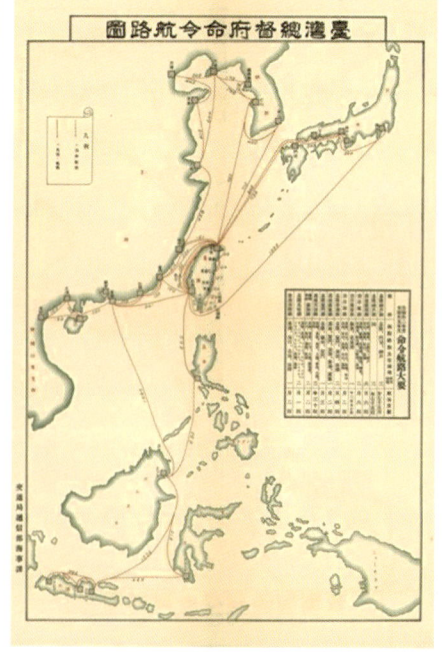

（左）舢舨,多為平底木船。圖片出處：Lafayette Digital Repository。來源：http://digital.lafayette.edu/collections/eastasia/lewis-postcards/lw0433。（右）臺灣總督府命令航路圖,紅色線條載明台灣與鄰近地區的航行路線以及距離。圖片提供：國立臺灣歷史博物館。

關。可惜河道目前被明德、親民、至善三棟建築覆蓋，景象不復存在。

千船百船入基隆：
日治時期的繁榮港口

日治時期，《基隆市歌》歌詞中即提到「千船百船入りつどふ（譯：千艘船隻交匯而至）」和「朝汽笛の音にさめ、夕櫓櫂の聲をきく（譯：在清晨的汽笛聲中醒來，傍晚聽到划槳的聲音）」幾句歌詞，描述基隆港千百艘船隻頻繁出入港口的榮景，清晨時聽著船鳴甦醒、傍晚時聽著船槳聲。

當時的基隆港之所以如此繁榮，源自日人積極築港，促使基隆成為連結日本的重要門戶，它因此成為北台灣第一大港。領台後的總督府開始推行「命令航路」，在官方補助下，要求大阪商船與日本郵船會社，設置固定航班往返。航路分別有島內沿岸、日台之間，以及通往中國與南洋三類。

島內航線，主要分為西部沿岸與東部沿岸。日治初期，由於西部沿岸港口多淤積，因而只能行駛較小的汽船，不超過一千兩百頓為主。直到1912年（大正元年）高雄港第一期築港完工後，才可行駛一千五百頓以上的汽船，並確立基隆作為起點，高雄則為終點的航線。東部的蘇澳、花蓮、台東、綠島、蘭嶼、鵝鑾鼻、恆春南灣；西部的安平、澎湖，並依據不同航班調整停泊港口及每月來回班次。日台之間，則以基隆與神戶間為主，經沖繩、鹿兒島、長崎、門司等；而中國與南洋方面，前者往廈門、香港與廣東等地，後者則往菲律賓、馬來西亞、印尼、新加坡和泰國等處。船舶數目眾多，噸位一千至兩萬皆有。

航線與船舶，隨著不同時期而有所差異，但基隆始終是重要的港口。以兩千五百多頓客貨兩用的貴州丸為例，1920年（大正八年）由大阪鐵工造船廠建造，起初航行於基隆往高雄和南洋，之後便開始經營基隆往香港與福建等中國沿岸。因為貴州丸時常往返基隆與各地之間，所以它也曾於1921年（大正十年），以清潔船底的名義，協助測試新落成的基隆船渠深度。1930年代，因其設備老舊、不再適合跑外地，而成為基隆往花蓮的主要船舶，至戰時才又重新調配，最終遭擊沉於高雄港。而此艘船還有另一個特殊的意義，那就是年輕時的長榮集團總裁張榮發，1944年（昭和

於基隆外海遭擊沉的高千穗丸。圖片出處：維基百科（公有領域）

乘船傷心事：
不可避免的時代交通意外

隨著工業技術進步，人們努力防止船難發生，但仍舊無法保證每次的航程一定安全無虞，尤其是情勢混亂的年代，更多了許多變數。1943年（大正十八年）太平洋戰爭期間，自神戶出發前往基隆的高千穗丸，於基隆外海遭到美軍潛艦魚雷擊沉，罹難者多達844人，當中包含許多赴日台商、學生，以及台灣雕塑家黃清埕等人。

1949年國民政府遷台前，自上海開往基隆的太平輪，由於超載與夜間航行沒有開啟航行燈等因素，與一艘貨輪相撞，沉毀於舟山群島海域。罹難者多達932人，其中包含不少擬自中國逃往台灣的旅客。高千穗丸、太平輪的目的地都是基隆，卻也都無法順利抵達。太平輪事件後，基隆大沙灣一帶建立紀念碑，至今每年紀念日都有親屬前往追弔。而高千穗丸則多半被人遺忘，戰後也未有任何相關紀念活動。

1960年代，招商局（今陽明海運）也曾連續發生多起事故，分別為海張輪、海祥輪和仲愷輪。1962年10月，海張輪自高雄開往基隆，經澎湖時失聯沉船，43名船員全數罹難；1963年3月，海祥輪自日本往返基隆途中，貨物鋼板移動，船隻傾斜而沉船，10名船員罹難；1964年5月，仲愷輪運送化肥氰氮化鈣至韓國釜山，途中經過日本鹿兒島時爆炸沉沒，25名船員罹難。由於連年發生憾事，因而引起眾多

檢討聲浪，社會重新檢視了航行安全與船員權益。在基隆的崇法街有分別建立紀念碑，供後人悼念祭祀。當時亦有人認為招商局基隆分局（今陽明文化館）正門面對火車站，風水上為海陸對沖，相當不利，因此招商局將正門改至今日位置。

透過梳理船舶的演進與事件相連，無形中也勾勒出基隆 400 多年來的歷史輪廓。雖然這些船舶多已不存在，但後人仍舊能從過去航行的水路與船隻，探究歷史事件與文化脈絡。近年來，基隆也開始試圖恢復小艇碼頭開往正濱漁港的內港航線，讓民眾體驗不同視角的港內風光，並從中認識百年的港口記憶。期許未來基隆也能復興舢舨船文化，連結內港與各個運河，發展出更多屬於在地的水域文化路徑。⚓

（上）大山灣太平輪紀念碑。（下）崇法街海難紀念碑。

作者・林炫辰

被豐厚雨水滋潤的土生土長基隆人，目前為碩士生，也是團體海嶼足跡的共同創辦人。從小就愛聽歷史故事，並在高中開始投入地方古蹟打掃、導覽。透過不斷挖掘在地歷史的過程，也逐漸愛上了自己的故鄉。

參考資料

- 《中央日報》,〈仲愷輪遇難船員 靈塔已竣工舉行揭幕式〉, 1964 年 6 月 29 日, 第三版。
- 《臺灣日日新報》,〈純客船 廣東丸 代貴州丸〉, 1928 年 10 月 7 日, 第 n04 版。
- 《臺灣日日新報》,〈貴州丸無事入渠〉, 1921 年 7 月 21 日, 第二版。
- 《徵信新聞報》,〈仲愷輪海上爆炸鹿兒島附近沉沒〉, 1964 年 5 月 13 日, 第三版。
- 何培齊, 2010 年,《日治時期的海運》, 臺北：國家圖書館。
- 游智勝, 2008 年,《日治時期台灣沿岸命令航線（1897-1943）》, 國立臺灣師範大學台灣史研究所碩士論文。
- 戴寶村, 2023 年,〈側翼船到貨櫃輪〉,《台灣學通訊》, 133 期, 頁 12-16。

田寮河浮木,拍攝時間為1950年代,攝影者為基隆在地紀實攝影家翁庭華。照片中,大量原木漂浮在水面,以繩線將一組組原木固定,以免原木隨波逐流。當時由於進口原木數量龐大,會將原木暫時放置在貯木池。圖片出處:國家文化記憶庫(公有領域)。

TRAFFIC 4

消失的基隆功臣

舊四大港門的故事

撰文——何昱泓

初到基隆，站在海洋廣場，望向寬闊的港內時，很難想像在這平靜的海面下，藏著百年來台灣港口現代化的重大工程演變。

這一變遷，替這座港口城市帶來翻天覆地的改造，更使原先被稱為「四大港門」，也就是舊的四大運河，產生截然不同的樣貌。四大港門的發展，和基隆港灣的繁榮，有什麼樣的牽連與故事？

清領時的四條河川，沿海居民們的生存希望

位於台灣北端的基隆，處於沉降地形自然形成的谷灣式海岸，過往在教科書中常以「三面環山的天然良港」形容此地。然而，由河流沖積而成的基隆市區內港，常因下雨或漲潮導致淤沙眾多，容易擱淺。此外，曲折支流複雜的河道，使得市區面積極為破碎，每當下雨就積

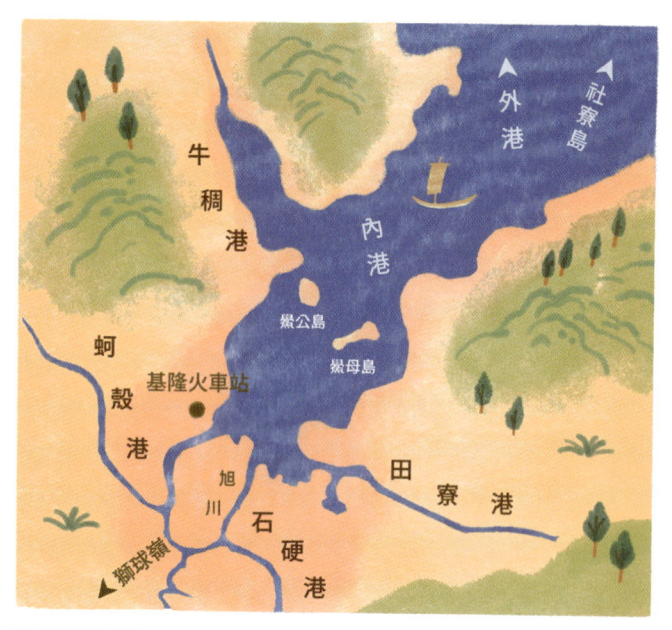

四大港門示意圖。

水成災,更讓內港容易因泥沙而瘀積。即使當時已有漳州人自八里沿著海岸線進入牛稠港一帶定居並以捕魚為生,但因清廷的消極治理與海盜的屢次侵擾,成為當地居民嚴重的困擾。這些原因都使得這座「天然良港」在清領時期的發展受到限制,未能發揮其最大效益。

在基隆開港成為淡水子港前,四大港門的聚落與功能也與今日相去甚遠。所謂四大港門,由西到東分別為牛稠港(現稱外木山溪的一部分)、蚵殼港(現稱西定河)、石硬港(現稱南榮河)與田寮港。西北側的牛稠港是漳州人早期聚集之地,其名來自於上游河畔,早期使用水牛耕種水稻而來;西南側則是蚵殼港與石硬港。現在有名的媽祖廟慶安宮,以及廟口供奉開漳聖王的奠濟宮,搬遷到市區前,皆座落於蚵殼港一帶。這兩條河流流經的範圍,構成了清到日治初期的漢人聚落,而兩條河流之名,來自昔日人們搜集蚵殼並興建窯仔燒灰供建材之用,及河川兩岸岩石堅硬之故;由東向西流的田寮港,則得名自兩旁的水田,河流用來運送上游採收的木材與煤礦。

小知識

基隆人稱的「四大港門」意思即是四大運河。之所以稱之為港門,謠傳是因為漳州人習慣稱溪流為港。

敗戰的清領政府，
寄厚望於基隆港建設

清法戰爭時，今日的基隆市區當時仍是一片泥濘，惡劣的環境讓船堅砲利的法軍也連連喊苦，負責統率法軍的孤拔將軍，也忍不住在發給巴黎的電報中，抱怨基隆嚴峻的氣候與惡劣環境。「由於出產煤碳的緣故，基隆的占領也許是件有利的事，但這始終是一個不能展開大的軍事行動的根據地。能夠碇泊大艦的水面甚為狹窄，且經常有著波濤，當東北季候風到來時，波濤尤為險惡。」

不過，這場戰爭連同稍早的牡丹社事件，都迫使清政府在統治台灣兩百年後，決定讓台灣獨立建省，同時也重視起基隆的戰略地位。台灣首任巡撫劉銘傳，也因基隆的地理位置比起淡水更為優勢，加上此地山區富含煤礦，所以決定著手規劃運輸鐵路，興建基隆港口。即使後來因預算有限沒能實現，但從日本時代《基隆築港誌》中，仍能看見劉銘傳以上海作為參考，留下的部分規劃。

也因為清領末期開始建設基隆港，所以政府看到四大港門帶來的驚人

四大港門的現狀。由西到東分別為牛稠港（現稱外木山溪的一部分）、蚵殼港（現稱西定河）、石硬港（現稱南榮河）與田寮港。

Chapter.01 交通　47

淤砂量，阻礙了港口的發展：「基隆口淤淺沙灘，亟宜填做租界闢成市面，以仿上海橋路之式。……惟租界臨水處必先砌勢，將河身船塘之泥就機器傳隨挖隨卸，沿岸填之。……其支河三道，尤宜節節趕挖，以利駁船而通百貨。」

從小河到運河，
四大港門的積極轉型

這樣的境況在 1895 年（明治二十八年）馬關條約簽訂後、日本政府開始統治台灣，有了改變的契機。基隆港離日本距離最近，但卻因港底淺，無法停泊較大船隻。首任總督樺山資紀也在報告書中提出：「當務之急為修築該港、進行疏濬、修築防波提，此為經營本島的必要之務」，就此揭開了的基隆一系列的築港工程與市區改正（都市計畫），四大港門流經市區的河道大多都被改道、挖寬與拉直調整成了運河。

首先，牛稠港開闢乾船塢，以及興建修繕船隻的設施，之後又調整成油類、煤炭、麵粉等器材專用碼頭；蚵殼港河道原先有獨立的出海口，改道過後與石硬港合流，並整治成運河，又稱為「旭川河」，其舊河道被填平後的新生地，部分成為陸軍營區，部分變為休憩用高砂公園的一部分，而河道中游設有麵粉工廠（海南製粉會社）以及鐵軌經過。石硬港於此時稱為「瀧川」，公墓與屠宰場也被殖民政府遷移到石硬港（南榮河）河岸邊。旭川河中游段的煤礦礦坑位置，約在今日三坑車站一帶。

田寮港在這波市區改正過程中，也有大幅度的改造。在官方主導下，上游段興建了提供台灣肥料株式會社使用的裝卸碼頭，並在中游段凹處建設裝卸煤炭、木材及小型漁船的避風港灣。也因為內地人（日本人）主要聚集在市區東側田寮河兩岸，因這波填埋兩岸的新生土地，所以改造後的田寮河下游，也成為市區繁華的聚集處，北邊有基隆銀座之稱的義重町，以及以礦業致富的基隆顏家的家厝與宗祠，南邊則有紅燈區遊廓，以及祭拜狐狸的稻荷神社。

消失的運河，
帶來更好的基隆發展？

基隆港的榮景在 1940 年代一度到達巔峰，然而卻因為二次大戰的爆發，遭受美軍嚴重轟炸，造成毀滅性的破壞。二戰結束後，隨著國民

（上）田寮港遊廓，位置在今仁一路一帶。（中）田寮港運河工事。（下）有基隆銀座之稱的義重町。圖片提供：王俊昌。

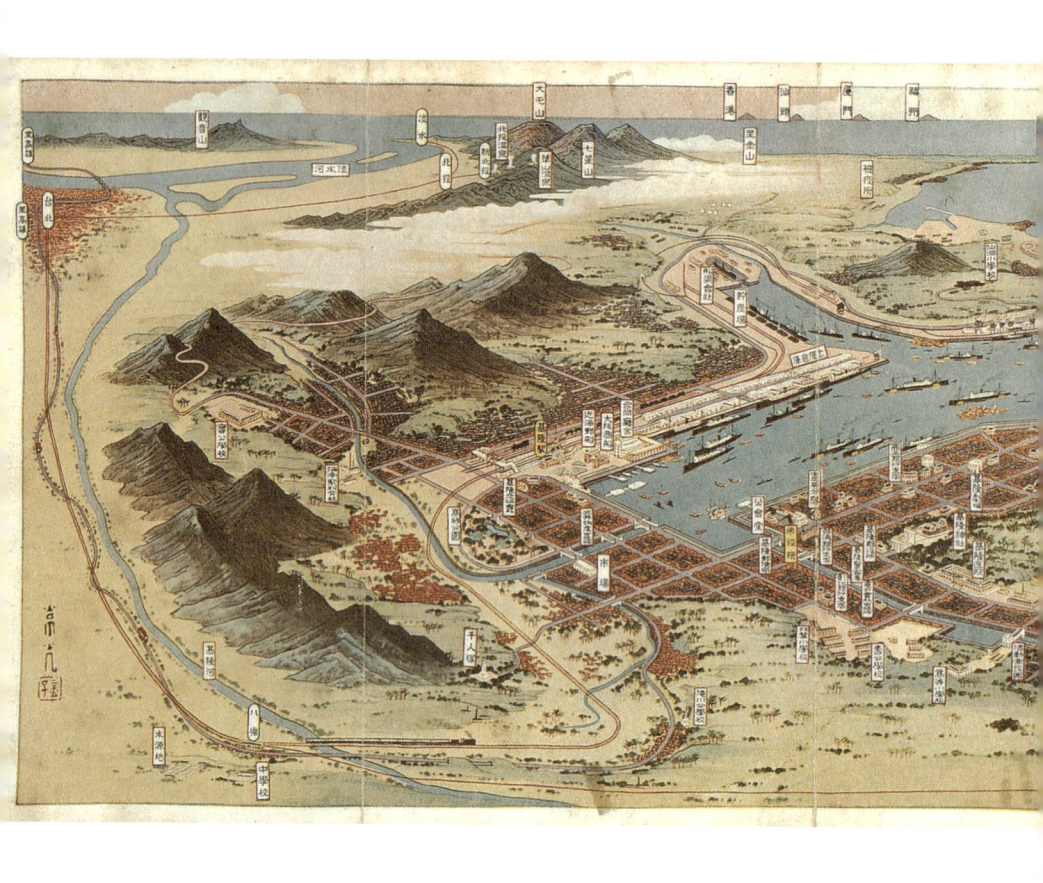

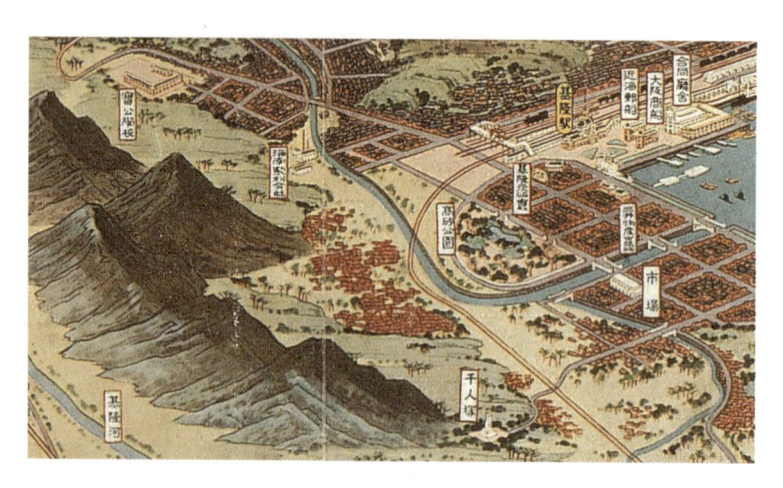

本圖北側河流為蚵殼港（西定河）遠方可見海南製粉會社，多出來的新生地則設立高砂公園。南側則為石硬港（南榮河），兩條河在市區改正後合流，並由人工開鑿的運河旭川河往市區出海。

金子常光所作的《基隆市大觀》,1935 年 5 月 25 日發行。圖片提供:國立臺灣歷史博物館。

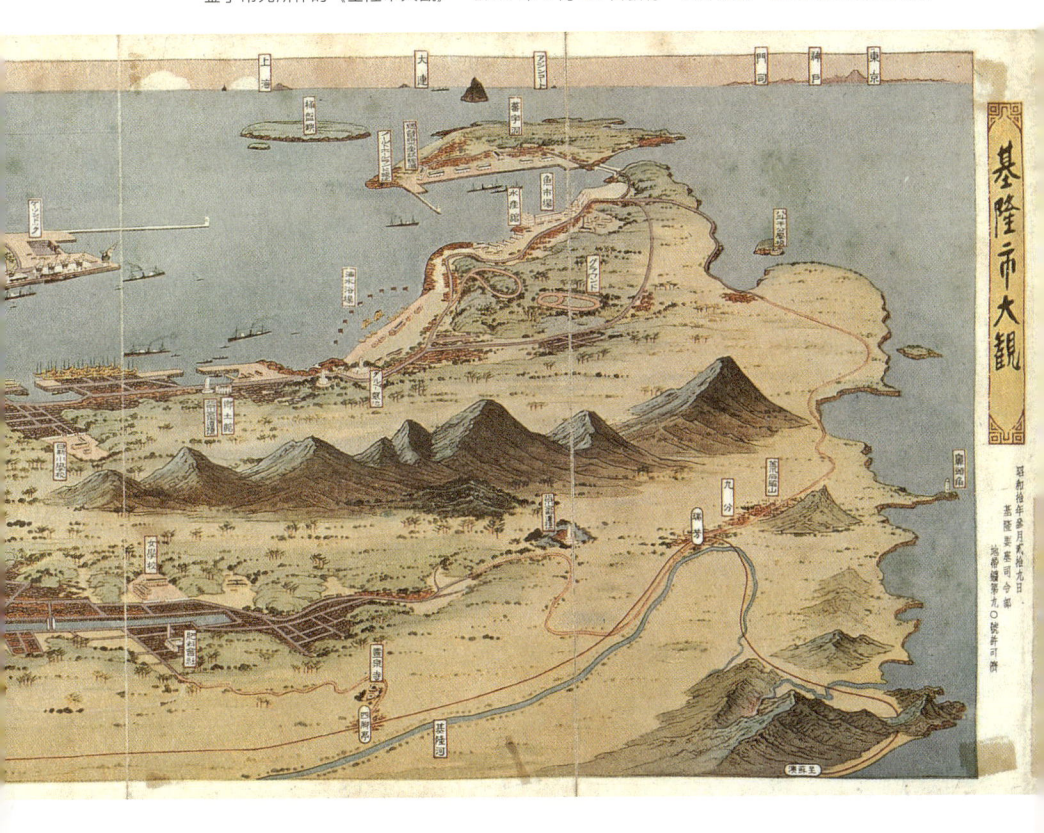

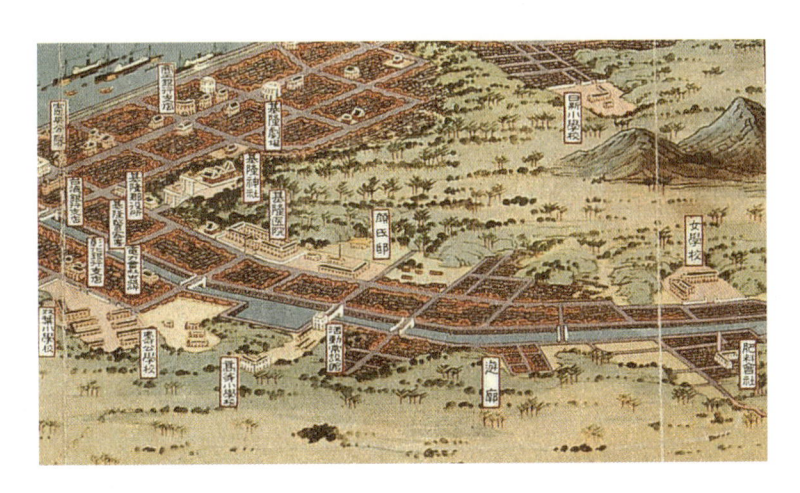

圖中為田寮河,可見河道右岸有女學校(今基隆女中)、顏氏邸、基隆醫院與基隆神社(今中正公園);左岸則有肥料會社、遊廓,活動常設館左側即文中提及裝卸煤炭、木材及小型漁船的港澳。

Chapter.01 交通

政府撤退來台的各省居民大量湧進基隆，政府也大量投入資料重建基隆，恢復其航運貿易功能。有好一段時間，田寮河與旭川河於端午時節，更會舉辦龍舟賽。然而，市民與「河」平共存的日子不算太長，因外來人口湧入基隆，使原本就已不算寬闊的市區更形擁擠，為了盡可能增加居住面積，在日治時期被挖寬的運河，就成了「與河爭地」的目標。

1959 年，基隆市政府首先將旭川河南端，與部分南榮河河床填平，興建東和大樓與鄰近的基隆市第一分局。隔年，由基隆市議員組成的惠隆公司，填平田寮河上供漁船避風的港澳，並興建惠隆市場；1970 年代，隨著旭川河日漸淤積，市府決定加蓋河面，由北到南興建了明德、親民與至善三棟大樓，並將兩岸居民遷入大樓中。至此，漁船無法再進入旭川河靠岸卸貨，過去兩岸河階形成的「崁仔頂」漁市，成了看不見漁船的魚市場。田寮河出海口的沉沙／木池，也被填平改建為加油站之後成為停車場，成了今日東岸廣場的前身。

（左上）東和大樓與（右上）第一分局，是 1959 年政府將旭川河南端與部分南榮河填平後，所興建而成。
（左下）1960 年，由基隆市議員組成的惠隆公司，填平田寮河上供漁船避風的港灣，並興建惠隆市場。
（右下）1970 年代，隨著旭川河日漸淤積，市府決定加蓋河面，由北到南興建了明德、親民與至善三棟大樓，並將兩岸居民遷入大樓中。

回顧歷史，曾經有很長一段時間，基隆港的命運曾與這四大港門唇齒相依，河流沖積出內港的樣貌，更形成了基隆最早的聚落。日治時期的疏濬與改道，讓原始彎曲的河道，成了筆直寬闊的運河，也帶來基隆港最為璀璨的時光。表面上，1960 年代開展的「與河爭地」解決住的問題，運河也消失的「理所當然」，但過往污水直接排入河道造成的環境污染，卻伴隨河潛伏到地下，成了都市隱憂，更是市區居住環境惡劣燥熱的罪魁禍首。近年來，市府逐步推動河川整治，關於旭川河「掀蓋」與否的討論，亦是近日的熱門話題。運河是否能再次成為基隆的一個選擇？這會是今後基隆人的重要議題。⚓

目前的「崁仔頂」魚市場，因為運河整治的關係，已經不靠港，但依然是基隆重要的觀光魚市，成了看不見漁船的魚市場。

作者・何昱泓

挑興文化社群總監。政大歷史系畢業，創立冷知識網站「每日一冷」，並合著有《台灣沒說你不知道》系列等書，曾任故事 StoryStudio 社群經理。經營社群十多年，偶爾書寫歷史、分享社群經營、喜歡帶基隆導覽，希望講讀寫三者有天能找到平衡。

參考資料

- 《徵信新聞報》，1962 年 3 月 7 日，〈基市府與惠隆公司秘密簽約填河蓋樓〉，第八版。
- 呂月娥，2001 年，《日治時期基隆港空間結構形成歷程之研究》，中原大學建築系碩士論文。
- 金子常光，1935 年，《基隆市大觀》，基隆市役所編纂發行。
- 洪連成，1993 年，《滄海桑田話基隆》，基隆市立文化中心。
- 徐祥弼，2021 年，〈「我本來以為這只是個無關痛癢的戰爭。」1884 年，法國小兵眼中的台灣與清法戰爭〉，《故事》網站。網址：https://storystudio.tw/article/gushi/sino-french-war-in-the-eye-of-soldier
- 基隆市政府文化局，〈牛稠港〉，《國家文化記憶庫》，網址：https://reurl.cc/Ej0OEn。
- 陳凱雯，2014 年，《日治時期基隆築港之政策、推行與開展（1895-1945）》，國立中正大學歷史學研究所博士論文。
- 戴維禮著，堯嘉寧譯，2021 年，《成為台灣人：殖民城市基隆下的民族形成（1880s-1950s）》，國立臺灣大學出版社。
- 臨時台灣總督府工事部編，1916 年，《基隆築港誌》，臨時台灣總督府工事部。
- 蘭伯特著，林金源譯，2002 年，《風中之葉—福爾摩沙見聞錄》，經典雜誌出版社。

Chapter.02

移民
Immigration *in* Keelung

基隆是一個文化多元的大熔爐。

身為海港城市，基隆從幾百年前，就是外來移民的首站。早在西班牙佔領之前，和平島已經成了台灣、日本和中國的貿易據點。清朝統治時期，中國的拓荒者從四面八方來到基隆，開墾定居。

到了日治，大熔爐加入更多族群。隨著基隆港的工作機會增加，溫州人、福州人和各地的台灣移民蜂擁而至。同時，來自琉球和韓國的移民，也因為當時都是日本殖民地而來台居住。雖然多數人在戰後回到母國，但也有部分人留下來，成了基隆的居民。

國民政府遷台後，各省的軍人和家屬一起來到基隆，像是福建、浙江、山東和大陳的居民，還帶來各地美食，成為基隆獨特的文化拼圖。到了近代，基隆的街頭更增添了東南亞移工和中國移民的身影，讓整個城市充滿新活力。

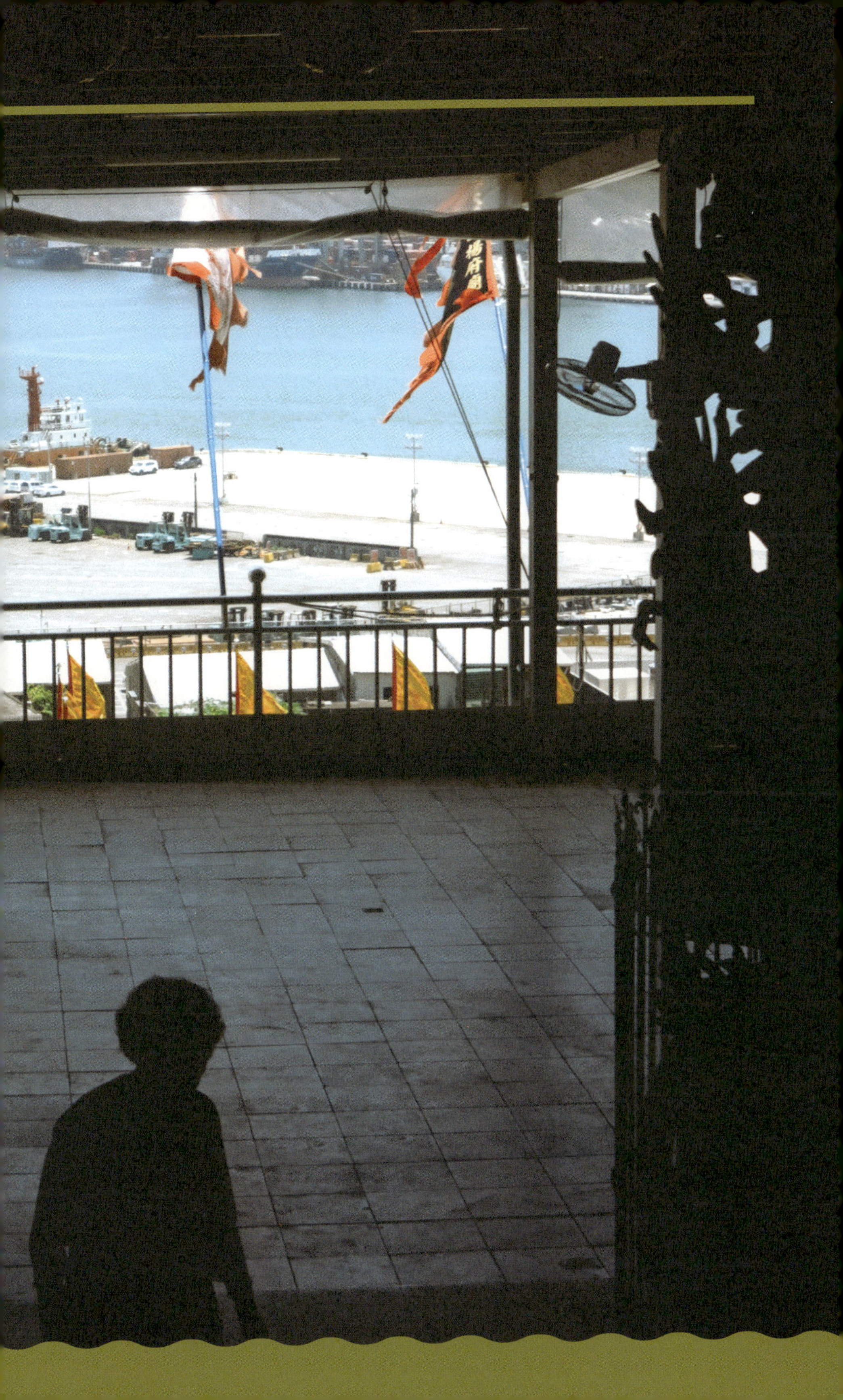

位於基隆社寮島（和平島）之北荷蘭城（前身為聖薩爾瓦多城）。圖片出處：淡水維基館（提供人台灣阿成，CC-BY-SA）。

IMMIGRANT
①

海上移民的新故鄉

清領與日治時期的基隆移民史

撰文——臉書「愛米露の黑熊」創辦人／陳坤松

昔日基隆是一個位處海濱的小漁港，然其居於東亞航道的樞紐位置，遂迅速發展成具有海上貿易優勢的海港。不可避免地，各地的異鄉客紛至沓來，有的在此停留打拼，有的則從這裡轉進台灣各地。西班牙人、福建漁民、福州人、漳州人、泉州人、廣東人等各地移民，讓基隆成為文化的熔爐，有著多元的小吃文化與各族群的祖籍宮廟，展現出豐富的族群多樣性。

熱鬧的基隆，族群的雜燴

如果提到基隆的族群歷史，許多人都會從 17 世紀西班牙神父耶士基佛（Jacinto Esquivel）的故事講起。他在台灣北部居住好一段時間，並走出西班牙人的堡壘，到北台原住民各社傳教。

事實上，在西班牙佔領基隆前後，和平島（社寮嶼）已是台、中、日

的貿易地。福建沿海漁民早已駕駛帆船來到雞籠貿易,有些人會留下定居,特別是擅長造船的福州人也到和平島居住,因而在當地留下「福州街」的街名。1718年(康熙五十七年)的方志記載:「福州街舊址,僞鄭與日本交易處」,指出有些福州人甚早來和平島定居。故俗諺提到:「福州雞啼、雞籠有聽」,就是在說明福州街的歷史悠遠。

中國來台開墾移民,以閩(福建)、粵(廣東)兩地為主,如福建省的泉州、漳州、汀州、興化、龍巖、永春、福州等州府,以及廣東省的潮州、嘉應、惠州等州府。移民在台灣北部的拓殖路線,初始大抵由淡水之八里坌(今新北市八里區附近)而來,路線選擇大抵依循移民祖籍分布而定,如欲到基隆的漳州移民,一從海路繞西北沿海而入基隆港;二從陸路沿西北海岸漳州人聚落,經金包里(金山)、萬里進入基隆港。故史書記載,1723年(清雍正元年)左右,漳州人士由八里岔來到罾仔寮定居,從事漁撈,並在基隆港灣的西岸、南岸一帶拓墾成街庄。而泉州移民於清乾隆朝初期入墾基隆,有兩條路徑:一支是抵達基隆港時,再深入基隆河谷中

基隆漳州與泉州移民路線。紅線是漳州路線。藍線是泉州路線。

田寮港的煤礦區舊照。田寮港上游的煤礦產業，是吸引日治時期前期移民移入的重要原因。圖片出處：國家文化記憶庫（公有領域）。

南榮路 55 巷底。目前是普通的巷弄，但此地清代時已是廣東人的墓塚所在地，稱為「廣東墓」；戰後將骨骸移葬至南榮公墓，現在的「廣東同鄉會」是過去歷史的見證。

上游山區開墾；另一支則是於清康熙朝末年相繼入墾台北盆地，但因漳籍與粵籍佔得機先，後到的泉州人遂沿基隆河上溯，往中游方向進行開墾。綜上所述，基隆市境內以獅球嶺為界，北側沿海一帶，以漳州人為主；南側的基隆河沿岸，則以泉州安溪人為主。

此外，基隆的移民狀況，也因為世界的變動而改變。1863 年（同治二年），基隆因《北京條約》而開港，中國留學生先驅，廣東人容閎，即於 1867 年（同治六年），以佛銀 1000 圓買下基隆哨船頭水坑口土地及獅球嶺煤炭洞兩處，而地契由在基隆的廣東人保管。此一證據顯現，當時已有不少廣東人在基隆活動。故今南榮路 55 巷底，清代時已是廣東人的墓塚所在地，稱為「廣東墓」；戰後將骨骸移葬至南榮公墓，該地尚有「閩南廣東同鄉會」、「廣東醒獅團」設於此。

Chapter.02 移民

日治時期因急需工人投入基礎建設，因此吸引來大批溫州人在此居住。目前位於虎仔山迴車塔出入口附近的溫州人楊府廟，即是從中國浙江溫州一帶召募來臺擔任挑煤的碼頭工人所建的信仰中心。

從楊府廟往下方望，左邊區域是過去溫州人居住的地方，現在已成大樓。

日治時期升級的民族大熔爐

日治時期基隆因海港建設、煤礦開發，亟需人工，故吸引島內及大陸沿岸居民來此打拼。如位於中山二路的「溫州寮」，即是清末以來，來自浙江溫州移民的定居處。尤其日治以後漸多。溫州人大部分從事碼頭工作，以碼頭苦力和挑炭工人為主。

日治時，煤礦開發也面臨人工不足及工資昂貴的問題，為降低成本，當時木村組、顏雲年遂從中國招募苦力，由華民會館及台灣總督府特許人力仲介「南國公司」募集而來，工人多半是福州人、廈門人及少數山東人。而礦場的台籍礦工，除來自台北廳轄內，亦有從桃園、新竹、宜蘭等地前來工作，並居住在礦主所提供的工寮內。《臺灣日日新報》報導亦指出，基隆田寮港新一坑，礦工有來自田寮港、五堵南、七星郡內湖庄四分子、松山庄內湖十四分、文山郡新店安坑、海山郡鶯歌庄、宜蘭郡頭圍庄大溪等

地。學者亦指出，二十世紀初期的基隆街和瑞芳庄，是當時基隆所屬的台北州中，人口移入比移出多的地方。境內某些礦庄，人口亦有增加趨勢。上述街庄有著諸多工作機會，吸引農村多餘勞動人口遷入，故基隆聚集不少外來人口，掀起第一波島內移民基隆潮。

不和平的和平島琉球埔

早年琉球漁民就因捕魚與補給，來到和平島，並與當地居民，包括原住民與漢人漁民和平相處，甚至還指導當地人捕魚技術。

日治時代，到台灣的琉球人超過一萬人，主要分布在花蓮和基隆。和平島是當時台灣最大的琉球人聚落，除了從事漁業，也開設雜貨店、餐飲店，最繁盛時曾超過五百人。

如今還能看見琉球人在基隆活動的這段歷史遺跡，就在和平島上的「社寮外嶋集善堂」，其收容琉球人等其他族群無主遺骨。另為記念二二八事件時，和平島上三十餘名因不諳華語而被軍隊槍決的沖繩籍漁民，廟旁設有「琉球漁民慰靈碑」，上有人物塑像。而站在船首，手持捕魚標槍，吆喝指向遠方，其原型就是琉球人內間長三，他教導和平島人捕魚技術，被當地人稱為「海大王」。

琉球漁民慰靈碑上的人物銅像。即為內間長三。圖片出處：維基百科（改作自創作者 Outlookxp 的圖像，CC BY-SA 4.0）。

韓國人住在一條勝利巷

當時同為日本殖民地的朝鮮人，也加入台灣的勞動行列。日治時期約有三千多名韓國人，到台灣工作謀生，其中大約有六百人在基隆。他們主要居住在基隆街、田寮港和社寮。職業方面，男性以漁業為主，有些女性則從事漁業加工和餐飲業。

戰後，在台朝鮮人被計劃送回朝鮮半島本國，基隆成為待歸國朝鮮人之集合地。但因運送船不足，大約仍有三百多位朝鮮人被迫滯留台灣；而台灣政府為維持水產業，也特意優待從事漁業的朝鮮人。這些留在台灣的朝鮮人，多居住在正濱漁港附近，之後成立韓僑協會，並建立韓僑小學以及韓國教會。直到今天，勝利巷（現中正路656巷）仍有一小群韓僑居住在此。1990年代台灣本土且具有開創意義的水晶唱片創辦人任將達，即出生在此，

他自述：「我在一條窄巷成長，家旁就是宮廟，第一個聽到的音樂聲，就是廟裡傳來的北管音樂」。多年後水晶唱片做「台灣有聲資料庫」收錄田野聲音、北管與南管音樂，也是童年的回聲吧。

唐山過台灣，
打拼海港半片江山

日治時期的基隆，是鄰近街庄的商業中心，並充滿著工作機會，不斷吸引著外地人遷入。這座繁華的海港之城，就在二十世紀前，靠著移民和世界接軌，也慢慢成為世界知名港都之一。老一輩的基隆人常說：「唐山過台灣，來到雞籠港，便被吸引住，不想回去」，意指大小雞籠杙（基隆嶼），像釘在海中的「杙」（音「吸」，是一種短木樁，釘著於地上），將台灣這條船繫住。而基隆像一塊磁鐵，把外地人吸引過來工作，使得基隆更加繁榮。⚓

參考資料

- 作者不明，1927年2月1日，〈基隆炭礦田寮港新一坑慘事負傷者知者八名〉，《臺灣日日新報》，4版。
- 周元文，1960年，《重修台灣府志》，台灣銀行經濟研究室，頁30。
- 溫振華，1986年，〈日據時期台北市台人移入地分析〉，《台灣風物》，第36卷4期，頁10至12。

（上）財團法人台灣省基隆市基督教韓國教會創立於 1949 年，現在依然有許多韓國裔教徒，會在假日參與教會活動，並在聚餐時吃韓國料理。（下）基隆市中正路 656 巷又稱勝利巷，是過往韓國移民的居住地，現在則是在地人都喜歡去的菜市場，賣著各式各樣的商品，但已少見特定的韓國特色。

作者・陳坤松

Facebook「愛哭の黑熊」粉絲頁版主。文史本是等閒事，寫作無非都是愛哭惹事。某日仙女託夢：「不哭、不哭，眼淚是珍珠」，並云：「一杯解千愁，三杯萬事空」，遂自稱「愛米露の黑熊」。基隆人，1968 年生。村史、礦業研究者，熱衷電腦學習與郊山健行。

1955 年 2 月 9 日中美聯合艦隊至大陳島，從事掩護撤退之任務，使政府能全力防守台澎金馬。圖片出處：維基百科（公有領域）

IMMIGRANT 2

海港城市
納人潮

國民政府來台後的新移民

撰文——臉書「愛米露の黑熊」創辦人／陳坤松

日本總督府撤離台灣後，國民政府接管台灣。滯留在台的日本人及許多韓國人返回母國，隨後福建、浙江和山東等地的外省移民撤退來台，豐富了基隆這個小地方。

第二波島內移民、客家鄉親、原住民及近年東南亞新移民們，如何成為基隆航港以及漁業的後盾，為基隆港灣經濟帶來更多的繁榮呢？

國民政府撤退來台
帶來多元祖籍的鄉親

1949 年國府撤退來台，基隆成為國軍和百姓上岸處，又因基隆留有不少要塞營舍與日人住宅，戰後皆被政府接收，故成為大批軍民第一個落腳處，為基隆再添更多族群，許多人也成為航港產業的中流砥柱。1956 年市政府統計，落籍基隆之來台同胞，以福建省、浙江省及

（左）東明路 161 巷，曾有著「山東巷」之稱呼。（右）潮州同鄉會位於獅球路 10 巷 2 號，是一間田都元帥廟宇。來自廣東省的潮州人，因思鄉因此在此設立潮州同鄉會。

山東省，三省人士居多；故今東明路 161 巷，曾有著「山東巷」之稱呼，並於 1952 年選出山東籍里長。來自廣東省的潮州人，則於獅球路設立潮州同鄉會，並成立「潮聲國樂社」，填補思鄉之情。

受兩岸局勢影響，有些馬祖人也移民到台灣，而基隆是馬祖來往台灣、生活用品補給之主要港口，不少人遂於基隆落地生根。有人做起酒類買賣，引進金門、馬祖、東引的高粱酒、大麯酒及藥酒；有人則開店賣起馬祖名產，如繼光餅、麻花、雙胞胎等。1957 年市政府統計，外省籍人口佔基隆市人口比例約 27%，其職業以軍職、公家機關、國營事業為多，部分人則以出賣勞力擔任三輪車伕、礦工和攤販為生。

另外，基隆在地的大岞漁民與大陳人，更是特別的移民族群。1948 至 1952 年間，有一群福建惠安縣崇武鎮的大岞漁民，在海上捕魚時被「抓兵」，離開家鄉跟著軍隊來到台灣，後落腳於三沙灣窟仔底，並蓋了「大岞東宮」媽祖廟，作為大岞鄉親聯誼交流的處所。

目前獅球路的潮州同鄉會，除了供奉田都元帥外，也是「潮聲國樂社」的所在地。田都元帥是基隆傳統西皮派所供奉的神明，潮州國樂社也延續此傳統。由於演出需要，國樂社仍收藏許多古老的演奏器具。

基隆過去有許多眷村遺跡，但都已經慢慢拆除。

1955 年 2 月，國民政府撤退浙江沿海島嶼軍民，史稱「大陳島撤退」，撤退來台百姓被統稱為「大陳義胞」，包含上下大陳島、漁山列島與南麂列島，總共 1.7 萬多人。為讓大陳義胞繼續重操捕魚舊業謀生，市政府擇中正區牛稠嶺腳設置大陳新村，安置部分義胞，並配給小漁船，今稱義胞新村與漁師新村；少數人則遷入和平島的豬灶坑，與前已定居與此的小琉球漁民和恆春漁民混居。大陳人將攜帶來台的三尊觀音神祇，其中一尊於新豐街建福泉寺奉祀，是大陳人的信仰中心。然大陳人因捕魚技法無法適應當地環境，並與八斗子漁民屢有衝突，後大多賣掉漁船，另往他處謀生。

客家鄉親及第二波島內移民增加基隆新動力

戰後，一些從苗栗、中壢與新竹而來的客家人，成為基隆交通產業的骨幹。因當時鐵路局薪水很低，加上沒有對外招考，在鐵路局工作的客家鄉親遂互相介紹牽成，紛紛住進八堵車站後方的鐵路局員工宿舍，形成基隆唯一的客家庄——八中社區。

也有客家鄉親開設西藥房，而且店名大多有個「永」字，如永泰、永豐、永盛。2002 年基隆客家同鄉會統計，基隆市的客家人約佔全市人口 8.6% 左右，分布得既廣且散。1950 至 1970 年代，台灣由農業開

始轉入工業，中小企業與工廠勞力密集事業需要大量人力，農村人口開始外流，基隆也是受惠地之一。此時，基隆憑藉日治時期以來的兩大產業——海港與礦業，持續吸引外縣市居民遷入，來基隆尋找就業機會，構成第二波島內移民基隆潮。

這波移民潮的內涵，就像是那首1959年基隆人葉俊麟所填詞的〈孤女的願望〉所提到的：「阮想要來去都市 做著女工渡日子 也通來安慰自己 心內的稀微」，歌曲中即唱出當時的社會，年輕人需要離開父母，前往都市的工廠自立自強。基隆就在這波浪潮下，吸引不同縣市的移居者，而有許多同鄉會。

此外，基隆的港邊，因為漁業與航港業發達，也吸引一群來自花蓮與台東的阿美族。遷入基隆的原住民雖有聚居習慣，但已難依據原傳統部落或族群的形態聚居，而改以工作性質來區分聚落。若在貨運或貨櫃場，擔任拖車和卡車司機及捆工的原住民，多選擇七堵區長安和百福社區為落腳處；若在漁船、建築工地或礦場等工作，多選擇中正區的八斗山莊、太平洋社區及海濱國宅，形成都會型原民生活聚落。

八斗子旁的山區牛稠嶺區域的漁師新村，是大陳人撤退後所居住的地方，後來山區蓋起了「福泉寺」是新的地標，然而漁師新村也漸沒落。

Chapter.02 移民　　**69**

東南亞與中國新移民
注入新血

1990年代，昔日支撐基隆發展的兩大產業，煤礦業早已消失，海港也因貨船貨櫃化及水深不足，加上港區腹地過小與碼頭不足，造成基隆港競爭力下降；此外，基隆沒有新型產業進駐、就業選擇機會少，以及薪資條件惡劣等現象一一浮現。市民遂往外地尋找就業機會，部分人甚至搬到台北市或新北市定居，減少家中上班族和學生的通勤時間，反而成為外移地區，故基隆人口成長率已停滯一段甚長時間。

2000年後，台北市區房價節節高升，導致台北人口向外圍鄉鎮遷移，一來一往的情況下，基隆人口開始第三波的郊區化，交通方便的七堵、暖暖、鶯歌石，人口逐漸增加。後續更以轉向雙北（其中以內湖、南港、汐止居多）郊區通勤的生活為主，公共運輸和交通建設也轉以側重對外連結，每天約有6.2萬人通勤上班或就學。而此際，因為各行各業依舊需要許多勞動力，因此來自東南亞各國及中國的新住民移居台灣，讓基隆街頭添增不少異國風情，他們是基隆現在最新的移居者們。

基隆流傳一句俗諺：「基隆無城，吃飽就行」，說的是一直以來，那些來到基隆工作的外地人，不求在這座城市裡落地生根，建立根源，只希望可以有錢賺、有飯吃。簡單的一句俗諺，精準的道出基隆地方特色，看起來或許有些無奈，但同時也道盡了基隆，人來人往的繁華面貌與不安定現象。

北宋大文豪蘇軾曾云：「試問嶺南應不好，卻道：此心安處是吾鄉」，市民的先祖們雖來自不同地方，但此刻「同島一命」，同在基隆這塊土地生活、成長，有著共同的山海家鄉，大家都是基隆人了。盼大家落地生根，共同為下一代、為基隆城市的百年發展，一起思考、一起努力。⚓

基隆市區有許多家東南亞食品商店,是許多外籍移工與移民每日購物的地方。

參考資料

- 《自由時報》,2021 年 9 月 10 日,〈50 萬人「工作在臺北、生活在新北」雙北房價漸縮小〉。
- 《聯合報》,1998 年 4 月 5 日,〈都市邊緣原住民尋找新樂園〉,6 版。
- 《聯合報》,2000 年 8 月 14 日,〈基隆長安地區豐年祭 延續傳統〉,18 版。
- 《聯合報》,2005 年 12 月 15 日,〈上網舉發……被吃案?市長發飆〉,C2 版。
- 《聯合報》,2015 年 3 月 8 日,〈照顧原民 將增預算推市集〉,B2 版。
- 朱仲西等編,1958 年,《基隆市志第四種人口篇》,基隆市文獻委員會。
- 洪連成,1991 年,《根》,基隆市政府。
- 基隆市政府主計處統計通報,2023 年 6 月,〈基隆市原住民人口概況〉。
- 許月梅,《基隆市少數族群:客家文史調查》,基隆市立文化中心,2002。
- 廖秋娥等,1996年,《台灣地名辭書:卷十七基隆市》,台灣省文獻委員會。

Chapter.03

百工

Workmen
in Keelung

航港城市運作,有賴不同行業的分工協調,這群無名英雄為城市發展奠定了堅實基礎。

基隆港碼頭工人裝卸工作不分晝夜 24 小時輪班,彼此間強烈的凝聚力,家庭、娛樂、宗教信仰、休閒生活都綁在一起。

船舶是港邊最顯著的風景,日本時代基隆「台灣船渠株式會社」是台灣現代造船的起點,戰後歷經不同體制變化,如今已民營化成為「台

灣國際造船公司」，在離岸風機、國艦國造等政策扮演重要角色。除了大型造船業，在和平島上也有許多小型造船公司，默默付出。

潛水工人由於工作性質往往較不為人關注，其實他們的工作繁多，包括打撈沉船、船體的檢查、清潔、修護和電焊，水下工程則包括海纜工程、水庫維修、水下測量和考古潛水等。他們是維持港口運作的守護者。

論及海港城市的商業貿易，在沒有電話和網路的時代，商業貿易是如何運作的呢？長崎華商泰益號留下豐富書信文獻，讓我們得窺日本時代基隆商業貿易的秘密世界。

百工的共同努力，造就了這座航港城市。某些行業或許已逐漸退出時代浪潮，但他們的貢獻深深刻鑄在港城共享的文化記憶中。

碼頭工人歷史照。圖片提供：財團法人陽明海運文化基金會。

WORKMEN
1

基隆苦力人才多

碼頭人打造的發展基礎

撰文──雞籠文史協進會／葉玉雯

碼頭工人的故事和留下的文化豐富至極，彷彿永遠說不完。日治時期，基隆港實行苦力承包制度，由苦力頭分派工人，逐漸形成在地勢力。苦力頭們也在港邊建設「苦勞間」，為碼頭工人提供休息、飲食以及等候上工的場所。碼頭工人們的勞動不僅留下了許多小吃飲食文化，還有相關的空間建築和休閒娛樂。想更深入了解他們的過往，該去哪裡發掘歷史呢？

苦力的前世今生

「苦力」一詞，一般人以為源自日本，其實這是十八世紀時，一位德國的探險家在日本長崎港以英語Coolies來稱呼搬運貨物的工人。在日本，此職業原先叫做「人足」或「人夫」，為了配合與荷蘭東印度公司的貿易，將Coolies翻譯為外來語「クーリー」。經過貿易路線的傳播，漢文就翻譯為「苦力」，指的就

是出賣勞力賺取微薄薪資的工人。在台灣，因為調查職業類別的關係，昭和年間「苦力」才成為碼頭工人的專有名詞。

日治時期的苦力是採承包制度，為了減少罷工和管理的風險，日本會社跟台灣的苦力頭簽約，由苦力頭承包裝卸工作，自行分派碼頭工人，裝卸時只需要派一名日籍監督在場就可以了，所以苦力頭漸漸成為基隆港的在地勢力。當時苦力頭都會在基隆港邊蓋苦勞間，作為苦力休息、飲食、等候上工的地方，其中的「元發號」是當時聚集地之一，也成為首次主辦「鷄籠中元祭」的地方，由此可見碼頭工人對於基隆港的重要性。

碼頭工人的來源很廣泛，一是日本半官方的南國與福大等公司，專門到中國或朝鮮招募而來，留在基隆最多的就是浙江溫州人。他們一部份到金瓜石當礦工，另一部份則留在基隆當碼頭工人，所以金瓜石和八號碼頭都曾被稱為溫州寮；二是基隆的苦力頭到中南部所招募，尤其是臺中大甲、清水、彰化鹿港、福興鄉一帶，這些人原本在家鄉務農，利用秋收後的農閒到基隆港碼頭打工，等到隔年春耕時再回到家鄉從事本業，所以有「雞籠無城，食飽就行」的俗諺。

日本會社覺得苦力不容易管束，於是指定年紀輕、容易掌控的苦力，將他們提拔為苦力頭，雖然說是專屬於會社的苦力隊，不過仍採承包制，當時日本的商人底下著名的苦力頭，包括三井物產的林太郎、山下汽船的許萬結、後藤組（國際通運）的王標宗等人，都是在這段時間被培養出來的。

來公司領錢喔！
碼頭工人組織的興起與轉型

隨著戰爭的逼近、美軍的轟炸，基隆港碼頭工人四散，有的回到故鄉，有的投奔親友，三千多名工人剩不到兩百人。

二戰結束後，台灣省政府接收基隆港，成立碼頭管理單位，設立「碼頭裝卸監理處」派員調查並進行工人登記、編組隊班，規定管理制度，希望能讓基隆港早日恢復正軌；裝卸工作由省營台灣通運公司和大同通運公司承辦，按照法規行事，所以核發薪資的速度很慢，還經常性拖延，讓習慣日領工資的苦力無法接受，糾紛頻傳。

這時,在日本時代被培養出來的苦力頭們自發性的商量決定,以隊班長為基礎,籌資兩百萬元舊台幣,每十天發一次薪水,讓碼頭工人能夠安心的生活。當他們發放工資時,碼工們會彼此招呼「來公司領錢」,又因為隊班長約為五十人,於是「五十公司」的名號不脛而走,這種墊付工資的行為維持了四年。1949 年,中央政府交通處,撤銷經營不善的通運公司,改由「棧埠管理處」管理碼頭工人後,「五十公司」轉型成為「基隆市碼頭職業工會」,隊班長們才不再墊付薪資,但也因為有這四年的墊付,港務局與隊班長訂定碼頭工人薪資合作辦法時,才將工資定為三級制,意即發薪資時,基礎工人一級,班長二級,隊長三級。

經過數十年的發展,這項薪資待遇辦法,卻在 1989 年成為碼頭工人抗爭的導火線,年輕的基礎工人不滿老一輩的隊班長們不需進行勞力,卻能領取較高的工資,屢屢陳情抗議,希望能夠改變這項薪資結構。基隆港務局為了解決紛爭,於民國 88 年辦理「碼頭裝卸工作民營化」,讓全部的碼頭工人集體辦理退休,老一輩的隊班長自行成立民營裝卸公司,年輕一代的碼頭工人則進入民營裝卸公司工作。加上基隆港進入更高效的機械化、全球金融風暴導致貨運量萎縮,以及為了促進觀光而轉型為郵輪母港的政策等等因素影響,碼頭從業人員數逐漸減少,碼頭工會逐漸沉寂。

「五十公司」頭人們所興建的碼頭新村、碼頭工會如今不復存在,但當年從各地移居到基隆的碼頭工人,將家鄉的飲食、生活及信仰等文化,都帶入基隆。例如溫州人的楊府廟、孝三路到流籠頭的美食圈、仙洞巖山上的聖安宮和霜宅,「島內移民」早就彰顯著留在基隆的文化改變:「留在基隆,才有賺食」。

西二碼頭歷史建築區。

建設碼頭工會時紀念照,從左起第一位陳火生、第二位許萬結、第四位簡有勇,其他三位尚未辨識出來。圖片提供:雞籠文史協進會。

碼頭工會成立紀念照,民國 35 年 7 月 29 日攝於基隆市政府門口,雞籠文史協進會提供。前排從左起為:紀銀河、簡有勇、林太郎(議長)、王標宗(代天宮主持)、李樓、許萬結。後排從左起為:謝阿梓、許玉富、廖榮海、陳火生、郭佳法(均為當時的隊班長)。圖片提供:雞籠文史協進會。

工人文化是在地的歷史寶藏

雞籠文史協進會在長達兩年、經歷數十位耆老的口述歷史訪談中,完成《逐漸消失的基隆碼頭工人記憶》一書。其中發現幾個很有趣的現象是,碼頭工人可能因為長期處在港邊,與外界接觸的機會較多,見多識廣,很早就從事碼工以外的副業。尤其是戰後,商業機能復甦,這些從苦力頭變成隊班長的人,幾乎都有其他的經濟收入或是同時間進入不同的業界。譬如進入政壇的林太郎(市議長)、紀榮祥(市議員)、進入藝壇的王前(薪傳獎得主)、進入宗教界的王標宗(代天宮主持)、霜宗(聖安宮主持)、進入商界的許萬結(鐵算盤)、蔡枝協(鎮州裝卸)等人、專門培訓碼頭工人的許葉仁(裝卸養成所、貨櫃專班講師)等。

有些承襲父輩工作的「五十公司」苦力後代,非常注重子女的教育,

（左）聖安宮是大甲人碼頭工人的信仰中心。（右）慶安宮是碼頭工人會去的重要廟宇。

希望他們能脫離當碼頭工人的命運，所以到了第三代時多半是博碩士的高級知識份子，教師、校長或商社高階主管彼彼皆是。因此，過去流傳的碼頭工人世襲制，其實早就不復存在。

另外一個現象是碼頭工人的家庭、娛樂、宗教信仰、休閒生活幾乎都綁在一起，彼此之間很熟稔。以「五十公司」的第二代來說，會以父執輩的關係來論兄弟，譬如紀榮祥、許葉仁、林賜吉等，在碼頭工作時成立市立體育會，一起打棒球、游泳、遊覽、拜慶安宮的媽祖和代天宮的關聖帝君，即使退休離開碼頭和團體，往來仍然很密切；同鄉之間也一樣，八號碼頭的楊府廟，就是溫州人和大陳人的聚會點；三千宮和奉安宮是第六隊和第七隊的碼工合資興建的；聖安宮的信徒多半是大甲人；新朝宮的信徒則是梧棲人。這些宮廟都建在西岸的山坡上，供奉從家鄉迎來的信仰神，退休碼工即使搬離了港西岸的聚落，但有空閒時仍然聚在宮廟，一起聊天運動敬神，所以這些廟宇到現在每天早上都還很熱鬧。部份碼工和家屬，因為同鄉的支持，有機會經由競選，擔任里長、市議員、市議會議長等職。

工作餓了來報飯！

1990年代是基隆港貨運最繁榮時，據名冊統計有六千多名碼頭工人，所以怎麼「吃飯」，學問就大了，碼工吃飯被稱為「報飯」。日治時期碼頭工人吃飯很簡單，由苦力頭供應一日兩餐，能吃飽就好。戰後一開始是由碼頭工人自行負擔，所以港邊就有人開設攤販或食堂，通常賣些簡單的飯糰和湯麵。隨著基隆港的貨運量愈來愈龐大，船公司希

這是碼頭工人後代，在白米甕砲台附近開設的「碼頭報飯館」，裡頭復刻了過往碼頭工人所吃的飯菜。店家會賣一些簡單卻豐盛的便當，以及家常料理。店內除基隆舊時黑白照片外，也擺設一些工作器具，透過圖文解說讓民眾了解碼頭工作內容。（右）報飯館門口會寫上每日菜單，也就是過往報飯的菜單，供顧客參考。

望能夠節省裝卸貨物的時間，就改由船公司來負擔吃飯的開銷。班長或帶班在上工前統計人數，向港邊的攤販訂購，吃飯時間到時就會送來大鍋菜，大家圍在一起用餐，餐後再直接上工，後來又簡化成為便當餐盒。每個月底班長以實際價格跟攤商結帳，再另外開較高的價格向船公司報帳，賺來的價差大家一起朋分。船公司為了加快裝卸的速度，對於班長虛報「報飯」和「工時」賺價差的行為並不會制止，所以港邊的攤商生意興隆，碼工又有外快可以拿，可謂皆大歡喜。

化身為豪宅的碼頭工會建築

基隆港每個碼頭都有一個小型的「候工室」，提供隊班長在此發布工作、碼頭工人等待船隻進港卸貨的空間，但擁擠不堪，衛生堪慮，所以隊班長們就有興建碼頭工人大廈的意願，得到碼工們強烈的支持。

碼頭工會大廈於1950年開始興建，1952年9月落成，會址在西三倉庫的對面，費用來自用碼頭工人薪資中預扣的福利金，據說是全台灣當時唯一沒有使用到美援的勞工建築。

工會樓高四層，設有醫務室、理髮室、休息室、沐浴室、俱樂部、腳踏車，碼工們不用擠在候工室裏，等船的時候可以在那邊休息或娛樂，搬完貨也可以在那邊洗澡，不用急著在碼頭和家裡之間奔波；工會裏有識字班，教有意願的碼頭工人讀書，另提供獎學金給孩子作為鼓勵，栽培出不少人才。據五十公司第二代許明煌先生的記憶，一開始工會還提供人力車，每天接送隊長們上下班。

碼頭工人大廈興建完成後，受到媒體熱烈的報導，令各方十分讚嘆。曾任碼頭工會常務理事的蔡枝協先生回憶道，當年他每天忙於接待國內外團體參觀交流，根本無暇上碼頭，只好將工作全權交由代理隊長處理。然而，隨著碼頭裝卸作業的民營化，大廈自此空置，直到2023年被茂德建設收購，改建為小坪數豪宅。原以為推銷需要些時日，沒想到文案與廣告一出，立即引起熱議。看屋人潮超出預期，經詢問得知，大多數買家是碼頭工人的後代，為兒時的記憶和情懷購房。

協進會在拆除前，得到銷售經理的同意，數次進入荒廢已久的工會內部參觀，並找到部分的文件和工具，將來若能順利地成立「碼頭工人文物館」，這些屬於碼頭工人的記憶將能更完整地呈現出來。⚓

尚未拆除前的碼頭工會大廈舊照。圖片提供：雞籠文史協進會。

作者．葉玉雯

國立臺灣海洋大學海洋文化研究所碩士，現職為雞籠文史協進會幹事，從事基隆地方史的研究與推廣，著有《日本佛教在基隆的創建與發展》一書，並執行《逐漸消失的基隆碼頭工人》口述歷史訪談與編輯。

參考資料

- 安嘉芳，2022年，〈五十公司其實不是公司〉，《2022 基隆學研討會論文集》，基隆社區大學，頁 189-215。
- 曾子良，2022年，〈碼頭工人的生活、休閒與信仰〉，《2022 基隆學研討會論文集》，基隆社區大學，頁 217 - 235。
- 葉玉雯，2022年，〈日據時期基隆苦力工作及意識型態之研究〉，《2022 基隆學研討會論文集》，基隆社區大學，頁 161- 187。
- 雞籠文史協進會編纂，2024 年，《逐漸消失的基隆碼頭工人記憶》，雞籠文史協進會。

基隆船渠株式會社是台灣現代化造船的起點。圖片出處：國家文化記憶庫（公有領域）。

WORKMEN
2

基隆
出產的船

航向世界經濟的大海

撰文──林炫辰

老一輩台灣人對造船業多有印象，但年輕一代卻較為陌生。基隆造船業的發展歷經日本政府創立、國民政府接手、十大建設的推動，再到近年民營化，見證了台灣經濟的起伏。從早期造船到十大建設時期，基隆的造船業曾是台灣重要產業之一，不僅推動了經濟成長，也陪伴台灣度過多個關鍵時期。如今，隨著產業變遷，造船業雖然衰退，但它在過去一世紀對台灣人的生活與經濟發展的影響，仍無法忽視。

基隆造船大亨木村組鐵工所

基隆早期有二個主要的造船與修船場域，一處為西岸的牛稠港附近，另一處則是正濱與和平島附近。日治時期，挖泥船與受泥船在築港時扮演重要角色，為了方便工人快速修理此種船隻，因此在築港建設

中，特別規劃港邊建設修船工場。1900年（明治三十三年），臨時台灣總督府工事部基隆出張所於火號庄（現今西28號碼頭一帶）成立「火號庄修船工場」。場區包含水泥製船修理台、鐵船場、木工場、木材切割場、汽機汽罐室與倉庫等。1902年（明治三十五年），火號庄修船工場無償借給大阪鐵工所使用，作為「大阪鐵工所基隆分工場」，但營運主要還是由官方主導。1903年（明治三十六年），基隆港左岸出海口的球仔山一帶，完成第二座修船場「球仔修船工場」，由官方自行經營，場區除了基本設施外，也包含給水唧筒、捲揚機與電氣鋸等設施。

1916年（大正五年），大阪鐵工所有意縮減事業，決定轉讓經營權給政商關係良好的礦業家木村久太郎。同年，木村也順利取得球仔修船工場的經營權，二個工場合併為「木村組鐵工所」。鐵工所在木村組的經營下，引入新式造船設備，不僅修繕眾多進出基隆港的國內外船舶，也建造了各種不同形式的新船，事業十分活躍。

1919年（大正八年），原本隸屬於木村礦業會社底下的木村組鐵工所，改組為「基隆船渠株式會社」。之後，會社開始著手進行大正町牛稠港的石造船渠建設工程，加深船渠深度至4000噸，成為當時全台唯一的大型造船廠。不過在大環境不景氣，以及總督府遲遲不願擴建基隆船渠深度至萬噸等原因下，會社經營十多年間，仍只以修理船隻和建造小型汽船為主。1934年（昭和九年）會社經營不善，面臨經營危機，使得總督府不得不從台灣銀行投入資金。

台灣船渠株式會社
是台灣現代造船的起點

1936年（昭和十一年），推行南進政策之際，總督府有意重新發展起建造大型船的事業。然而疲弱不振的基隆船渠會社，早已無法接下重擔。1937年（昭和十二年），基隆船渠會社決定解散，在海軍的支持與總督府的協助下，財產轉售給以日本三菱重工業會社為首的台灣銀行、台灣電力會社、日本近海郵船會社、大阪商船會社以及基隆顏欽賢等聯合團體，並成立為「台灣船渠株式會社」。同年，他們選址社寮島（今和平島）建造可容萬噸深度的船渠，並決定於高雄市旗後町（今旗津區）設立分工場，形成基隆社

（上）火號庄修船工場是臨時台灣總督府工事部於現今西 28 號碼頭附近，成立的修船工場。圖片提供：王俊昌。（下）大阪鐵工所基隆分工場也是由官方主導。圖片出處：國家文化記憶庫（公有領域）。

寮町（總公司，亦有工場，今台船公司現址）、大正町（原基隆船渠株式會社），以及高雄旗後町三廠區，是現代造船工業的起點。台灣船渠引入歐美的電氣焊接技術，打造台灣第一艘全鋼鐵的「瑞陽丸」，日後為基隆顏家的礦業運輸船。

台灣船渠成立後，中日戰爭爆發，總督府欲提升造船業製造能力，但台灣欠缺原料、資金、技術，發展始終受限。目前能看到的的造船實蹟包括木造拖船、木造甲板駁船、木造交通艇、日本船型自動艇等，之後的實蹟因戰爭被列入機密，沒

台灣造船廠是國民政府來台後重要的經濟建設之一。

86　望基隆：船行年代的港城舊事

有公開資料留下。而船舶修繕的噸數，則因戰爭有明顯提昇。但 1944 年（昭和十九年），廠區遭受美軍空襲，社寮町損失一台加熱爐、兩台起重機等；大正町則幾乎廠區全毀，損失慘重。

戰後因美援而再起的造船工業

造船廠帶著殘廢的身軀，戰後又面臨造船業的倒閉危機。1946 年，行政院資源委員會認為株式會社台灣鐵工所有機械優勢，而台灣船渠會社則是造船，因此決議將二間公司，外加東光興業會社，合併為「台灣機械造船公司」。1948 年，基隆與高雄廠區獨立成二間公司，分別稱為「台灣造船公司」與「台灣機械公司」。原本位於原先大正町牛稠港的廠區，則轉交海軍使用，作為海軍基隆工廠，之後又改為「海軍第三造船廠」，簡稱「海三廠」（現海軍基隆後勤支援指揮部）。

台灣造船公司因香港與日本的競爭，起初事業並未起色，直到韓戰爆發美援進入有了轉機。美援提供了台灣造船廠公司貸款，包含材料與廠內設施擴建，以及辦理員工訓練班等。1957 年，政府將台灣造船廠公司委外租借給美國殷格斯公司經營，共同合作發展，稱為「殷格斯台灣造船公司」，簡稱「殷台公司」，這也是台灣公營事業首次委外經營。殷台公司接手後首個創舉為建造 3 萬 6 千噸的「信仰號」，為台灣首度建造的萬噸級船，具有特殊意義。之後殷台公司又陸續建造

1999 年因國軍精實案將原「海軍第三造船廠」（海三廠）與海軍第三軍區司令部合併編成「海軍基隆後勤支援指揮部」，擔任基隆港守備區基地防衛作戰與安全防護指揮管制任務。

許多萬噸級船舶，使台灣造船技術大幅提升，卻也因為造船盈餘有限而使殷台公司連年虧損，最終因財務問題，1962年退出台灣。

重新收回的台灣造船公司，記取殷台公司的先例，採取造船、修船、機械製造三者並重，而不以造船為主要事業。此外，台灣造船公司也與日本石川島造船所簽訂技術合作契約，交流更多技術與經營管理。1974年，因政府開始推行十大建設，造船廠被認作重要項目，政府於1978年決議將基隆的台灣造船公司與高雄的中國造船廠再次合併為「中國造船公司」。然而透過整合，依舊無法阻擋國際造船的整體衰退趨勢，最終於2008年中國造船公司正式民營化，並於2023年決議更名為「台灣國際造船公司」。近年來，台灣國際造船依然在國家政策上，如離岸風機、國艦國造等，都扮演重要的角色。

大型造船業與國家發展一直有著密切的關係，包含戰事時局和政策方向。基隆的造船廠從西岸發展到和平島，再與高雄機械與造船業分分合合，過程中都反映了不同時局的擴張與縮減。一路以來，透過國際技術合作、人才培育、多方產業經營，以及民營化，才讓台灣國際造船公司趨於穩定。期許未來還有更多不同的發展性，除了持續作為國家政策的推手外，也能透過船渠開放參觀、北荷蘭城遺構考古挖掘等，讓更多人認識基隆的造船歷史，成為企業的重要文化教育之一。

基隆除了大型公司如台船外，和平島上過去也曾有許多小型造船公司活躍。戰後民營造船廠主要有兩種，一種是主要在國內銷售漁船、工作船（拖船、挖泥船等），另一種多向國外出口遊艇。漁船又分為鋼鉛製造與玻璃纖維製造，鋼鉛主要修造遠洋漁船，玻璃纖維則以近海漁船為主。遊艇業則可以知名的阿根納造船廠為例，阿根納造船廠緊鄰八尺門水道，日本時代原為貯炭場，為煤炭集散地。1965年，美國阿根納遊艇公司的台灣分區經理勘查後，因當時台灣遊艇製造技術不遜於歐美，所以決定成立阿根納公司，在基隆投資生產遊艇，直至1987年停業。阿根納造船廠停業後，遺構因年久失修鋼筋水泥外漏，呈現獨特的頹廢風格，2014年好萊塢明星克里斯·伊凡（Chris Evans）來此拍攝廣告取景而聲名大噪，並於2016年登錄基隆市歷史建築。⚓

（上）正濱漁港附近有幾間小型修船廠。（下）觀光景點阿根納造船廠也是造船勝景的遺跡。

參考資料

- 《臺灣日日新報》，1937 年 1 月 8 日，〈船渠建設を機に 城址發掘を徹底 關係者は多大の期待〉，第九版。
- 《臺灣日日新報》，1937 年 4 月 25 日，〈基隆船渠會社 解散を決議 きのふ臨時株主總會て〉，《臺灣日日新報》，第九版。
- 林本原，2013 年，〈日本與戰後台灣公營航運建設（1945-1957）〉，《國史館館刊》，第 35 期，頁 39-80。
- 陳政宏，2007 年，〈日治時期現代機械與造船工程發展〉，《台灣學通訊》，第 115 期，頁 13-15。
- 陳政宏，2010 年，《台灣公營船廠船舶製造科技文物徵集暨造船業關鍵口述歷史紀錄》期末報告（修訂稿）。
- 蕭明禮，2007 年，〈日本統治時期における臺湾工業化と造船業の発展−基隆ドック会社から臺湾ドック会社への転換と経営の考察〉，《社会システム研究》，京都大学，第 15 号，頁 67-85。

十七世紀，中國沿海的「唐人屋敷」的區域。圖片出處：維基百科（公有領域）。

WORKMEN

3

貿易的秘密世界

長崎泰益號與基隆貿易商

撰文——唐墨

基隆港的商業貿易常讓人聯想到過去的委託行。在戰後外國商品進口困難的年代，委託行成為國人接觸洋貨的重要途徑，最盛時曾有超過兩百間。然而，在沒有電話和網路的時代，基隆港的商業貿易運作卻鮮為人知。幸運的是，日本長崎的華商泰昌號和泰益號在戰後幸免於難，留下了豐富的書信文獻，讓我們得以窺探日本時代基隆商業貿易的秘密世界。這些文獻揭示了重要商號、貨品的去向及主要的進出口商品，讓人對基隆的商業歷史有更深入的了解。

亂世之中找商機的泰昌號

1858年（咸豐八年），日本與美荷俄英法五國，簽署不平等的《安政條約》，在下田與函館之外，增開橫濱、長崎、新潟、神戶等四港通商，這是日本近代史最關鍵的

Chapter.03 百工　91

金門長大的陳國樑。圖片提供：中央研究院台灣史研究所檔案館。

易，當地甚至劃設「唐人屋敷」的區域，專門留給華商居住，其中以福建籍的商人最多，知名的王直、李旦、鄭芝龍等人的活動範圍都在長崎，因此福州、泉州、漳州、汀州、興化、建寧、延平、邵武等八個地區的閩商人，自發性地在長崎組成自治團體八閩會館，並籌建了興福寺、崇福寺與福濟寺，合稱三福寺。

解除鎖國之後，華商失去受惠於鎖國政策的壟斷優勢，必須跟世界各國政府所扶植的船隊與商隊直接競爭，從明末以來就缺乏母國奧援的華商，靠著同鄉合作的默契，以及多年來累積的經驗，重新調整節奏，持續在長崎、神戶、橫濱等新舊港口的貿易市場中，開拓新的商機。

泰益號文書裡的商業情報與電報密碼

創立近四十年，主事人過世後，泰昌號於1899年（明治三十二年）結束營業。1901年（明治三十四年）陳國樑與陳世望父子倆自立門戶，在長崎創立泰益號，承續泰昌號累積而來的人脈與資源，貿易網絡遍及台灣、中國、東北亞與東南亞的華人商號。從日本出口的商品依然

一頁，遠方的現代化工程還未綻放曙光，眼下的政壇即面臨翻天覆地的震撼，國家路線之爭升級為直接的武裝戰事，安穩了兩百多年的江戶幕府，再度陷入了烽火遍地的動盪。或許是風聞日本的亂世，想來個富貴險中求，亂中取勝，1866年（同治五年），金門人陳國樑來到長崎，在叔父陳明達與六位金門新頭地區的鄉親合股創立泰昌號工作，主要經營各種海陸物產與雜貨藥材的貿易事業。

十七世紀以來，中國沿海的華商便經常往來長崎的平戶與出島進行貿

92　望基隆：船行年代的港城舊事

是以丁香魚、魷魚乾、沙丁魚等魚乾類製品為主，而其他像棉花、黃豆、各類中藥材與南北貨，也都是泰益號的經營項目。泰益號一直經營到1940年（昭和十五年），由於戰爭以及陳世望過世而歇業。

1982年，陳氏後人在長崎整理家族倉庫的時候，發現許多泰昌號、泰益號等商行的文書與帳冊，躲過了長崎原爆與戰火侵擾，家族決定捐贈給長崎市立博物館，又經日本、中國與台灣等地的學者，詳細整理，比對研究，其中一百箱史料後來送抵台灣中研院臺史所，經學者仔細分門別類後，成為解讀長崎華商當時貿易情形的第一手重要文獻。

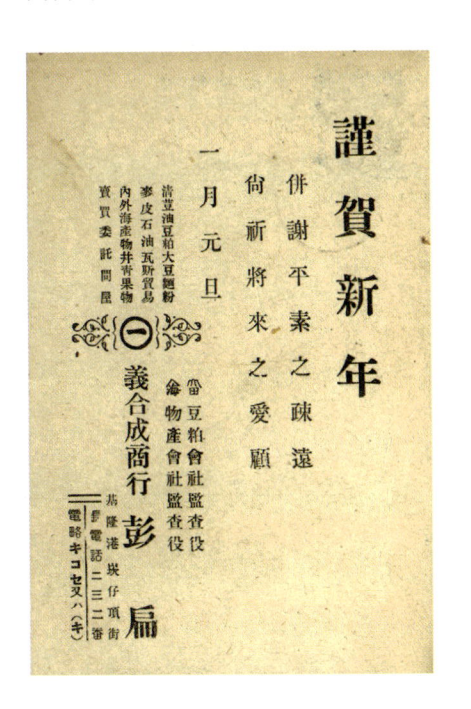

這批文書總五萬餘件，大致可以分為總帳、輔助帳、發貨單或信稿、書簡與印刷品、電信運輸房租雜類文書等等，除了泰益號營運狀況之外，還可以看到泰益號資助或管理閩商成立的會館、寺院、學校、救濟會等組織團體，以及泰益號與台灣各商號的貿易關係，從臺北到臺中、彰化、臺南、高屏，乃至宜花東與澎湖離島等各地的商號，都與泰益號有大量的書信往返。

在大量的往來信函中，可以看見泰益號的經營精神，還包括幫助客戶與廠商分析市場，1906年（明治39年）開始，泰益號發行了自家的《泰益商報》，利用他們跨國企業的人脈，網羅了日本郵船與大阪商船會社的定期航班資訊、各地銀行匯率變化、大宗商品行情、各種藥材定價等等，同時也分析各國商業市場趨勢，或是補充一些跨國貿易的商業知識。

基隆義合成商行寫給泰益號的的新年賀卡。義合成原經營海產品批發，後擴大項目包括海陸物產、油、粉、青果、石油、罐頭等項目。因家族分業，改名「義隆」，即今天仍在營業的老字號「義隆魚行」。圖片提供：中央研究院台灣史研究所檔案館。

KOBE JAPAN

泰 益 商 報

明治四十年五月十七日 第二十七號
明治卅九年十月十六日第三種郵便物認可
(每月二、七、十二、十七、二十二、廿七日四回發行)

神戶市榮町一丁目廿三番
電信略和文コ字
電話一五二〇番
泰益行 頓

敬啓者自開業迄今歷已多年
慶叨 諸般蔭惠愛良深銘
佩何可言喻故爾時虞損越
未得仰酬 雲情于萬一誠
自抱愧歉以從前所報行情
其間諸多未能周至殊碍商
中之糖考今乃不憚許子之
煩將以貨價登立商報逐
期發奉以備 諸雅顧之參
閱倘冀愚而如我源源熙應
決當竭盡棉力以儆瓊報耳
專此順候
夏 安

米況

臺米久々不見到行情證跟而
獎之刻上貨五七可兌洋米
現貨以旗標寶船標巨多因在源
觀臺灣輸出而反輸入行情
爲貨板卸不肯賤卸惟外國
米貨之優劣差之甚多偷按
和者所先各色謀配淡薄然
後方知如何種爲合銷耳

上上六元左上十五六元
其次十二三元亦有之干員
䅉存之貨雖然巨多如此恐終
貨主與銀行比接未安貨況
抗留以致無覓可來而在神
有存之者乘勢唱高頃如員
盾四十二元五角庄四十一
元半目下市道如本安貨況
來源之貨者調停安富決
必湧到雖免價之無再頗敗

糖況

青糖近間大變良由橫濱計
唱查糖底不多且三井德記
增田屋諸大家等減兌出而
之反探入是以行情倘看再升
之象想將未必無碍突排
見如斯謹此奉聞

排尤邁間來貨仍然不絕當
此端陽節近之際廣暫見貨
略相爭趨行情突然而浮刻
是所獲無多而且本地消
香近到善亦微々熟央梭厂
蚵干此間忽見貨可來市價
再再肝暻桜如黃色上上九
元半其次九元八元半之九
元計講後如多到價看必分日

雜穀況

黃豆近日器繪有到價以四
市在近間所到之豆概是目
上庄乾燥而色亦姸青豆四
四貨反跌尚未可知也至尾
三貨多色好帶軟身良由未
甚乾燥之故也

八九角上十九元二角上上
元至十九元十八元四五
角而此刻獎楼如黃色上上
元五角其次九元八元八元九
元計講後如多到價看必分日
本二二五角對州尤受此排尤
之傷時下乏見貨到餘他尤
亦是寨々如晨星耳鈎蝦
頭亦無甚起落棉花價位定
十一元上庄三十元上中二
十一元上庄三十元中二
十一元九元中庄二十六七元
其餘怨候異日再報

雜貨況

麵粉目今行情忽起忽跌論
䅉存之貨雖然此多因在源
觀臺灣輸出而反輸入行情
爲貨主與銀行比接未安貨況
抗留以致無覓可來而在神
有存之者乘勢唱高頃如員
盾四十二元五角庄四十一
元半目下市道如本安貨況
來源之貨者調停安富決
必湧到雖免價之無再頗敗
到價亦如常上大二十六七
元中隻二十五六元朝鮮蚵
元中上十八元諸情如斯其

海味況

八罐松茸此時中貨甚稀價
亦見浮鐘鮑行情畧分一二
而中庄之貨有到餘後許

紗布棉花況

綿紗刻下市道漸分諸布定
頭亦無甚起落棉花價位亦
行情無甚起落棉花價位亦
如常該貨小包庄比大包庄
每價加三角乃爲打包之費
用希光顧者知之是荷

次之庄机器小蝦所到之貨均係中
機器小蝦行情大敗

神戶泰益商報 第二十七號 明治四十年五月十七日

藥材類

黃蓮上	百廿四元
白芍大上	二十八元
丹皮小大	二十七元
東肉大	十二元
牛茶上	十四元
五味子	九元半
紫蘇子	二十九元半
玉呂仁上	二十四元半
瓜呂仁	十七八元
細辛花	八七元
玉銀上	十五元五
金鈚上	二百三十元
桃仁上	十六四元
木茯苓	三十五元
天文上	十二元
元胡 厚上	八元四
紫枳根	十三元四
枳殼上	八元二
半夏香	十六五元
小荷葉上	八元五
金蠟霜	十元二
薄荷油	八元五
蜜蠟上	六元
百合	十元
碧古尼涇	六分〇

川芎	九元〇
同中庄	十二元〇
薄荷水	五十元〇
白蠟	三十元〇
大茴香	六元半
生姜	十五元〇
烏頭	五元半
角茯苓	十三元半
葵文冬	十九元〇
木通	六十三元〇
天麻	十二元半
北杏	十二元〇
同中庄	八元〇
牛膝上	七元〇
茅根	三十八元
海仁草	十一元〇
瓜呂根	十四元〇
車前子	二十四元〇
五倍子	七元〇
厚黃柏	十元五
同中大	十四元〇
同中庄	十二元〇
同中庄	二十七元〇
同中庄	一百十九元〇

派辨貨物須知

各貨行情雖有逐期由商報弁弁奉奧跌變幻不定倘承惠顧委謀之件務須就派辨單中的明價目或來電文中須要指明價庶可照價而採配萬一託買單中或電文價無的明便是依時而採配々後獎跌各聽造化所知之諒也

訂正出口米豆駄力之改正

前商報所載自三月一日凡豆及米駄力原包每包係是六点前報弄錯公例特此訂正倘蒙惠顧者其就六點按之爲要其外或加用洋袋再套或再細草包或細草繩依時的價在外而不在駄力之例特此佈聞

用電方法

夫し電報頃刻可達千里比烏之易飛也惟敵人知碼號之電設最所碼者諸惠顧中慶有發電未會提及發電人之姓名敝接電時悶知如何號之電人使電局尋問而反緩尤須多費電料更煩其事矣但敝此事盖非只一家自然伏蒙此暗電碼盖所約如其瞞成暗碼互通乃欲簡節費井求其秘另有鴻光顧如有要事由電可通尤取其捷且明凡事諸惠顧中須有發電末會提及發電人之姓名敝中暨有發電未會提及發電人之姓名計非等漁利者流貴商賜顧希即認明商標使敝差謬矣此致

庶無差謬矣此致
貴寶號壹鑒

特別廣告

今般敝有始創花月琴暖火柴其盒有分大小
庄頭惟大盒幼枝約有百冊餘枝粗枝有六十
餘枝小盒乃係幼枝其數亦有六十餘枝而是
柴枝特選潔白其珠頭藥料與盒藥料均是
精良監製可保陰雨不變倘謂不言不信請試
用之便知但敝此暖火柴原欲以圖綿久之
計非等漁利者流
貴商賜顧希即認明商標
庶無差謬矣此致

本紙定價 郵稅共 一枚 金三錢五厘
廣告料特二協議ヲ以テ定ム

發行所 神戶市榮町一丁目 泰益行

發行兼編輯人 許紹春
兵庫縣神戶市榮町一丁目十九番屋敷ノ四

印刷人 內藤譲次郎

泰益號發行的《泰益商報》，內容包含各類商業資訊。圖中可見得米況、糖況、藥材價格、派辨貨物須知、用電方法、火柴盒廣告等。圖片提供：中央研究院台灣史研究所檔案館。

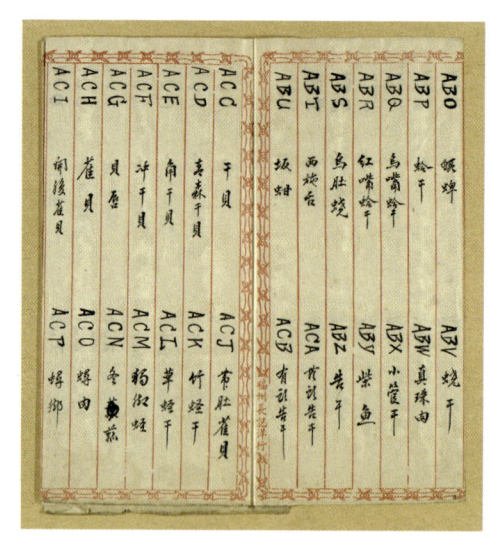

泰益號的電報代碼。圖片出處：中央研究院台灣史研究所檔案館。

同時，為了鞏固生意，泰益號也發明了一套商業密碼，與各地商號制定商品電報代碼與暗號來溝通，避免商業機密外洩，例如 1918 年（大正七年）泰益號與福州長記洋行往來之電報密碼表裡，ACG 是指干貝，ACO 是蠣肉，ABY 是柴魚，ABI 則是西施舌，分類邏輯難以從單純的英文字母判定，只有泰益號跟各地商號才知道邏輯。

泰益號與基隆在地商家

尤其伴隨著航運技術的進步，以及現代化港口的設立，基隆港成為台灣北部最重要的港口，泰益號理所當然也與基隆地區的陳紅龜商行、謝裕記商行、何榮德、陳和合商店、金順美商行、瑞泰商行等商號的往來甚為密切。這些商號大多位於港口、鐵路交通區，營業項目以海產物為最大宗，亦有食品、雜貨、藥材等。其中泰益號與陳紅龜商行通信最多次，目前現存的檔案高達 225 封，店主陳紅龜不但幫泰益號查詢台灣本島的商業動態，更熱心協助泰益號與其他商號的買賣糾紛，是泰益號在基隆地區最重要的貿易夥伴。

泰益號運來台灣的商品，大多是海產、豬肉與豬油、地瓜粉、各種豆類，而泰益號從台灣進口，轉銷日本國內的主要還是白米、砂糖，以及香蕉，設立於基隆市元町草店尾的瑞泰商行就是白米批發商，量

多質精，又與大稻埕的順成商行合作，每次接獲訂單，順成負責在臺北地區收購，以火車運載的方式，由瑞泰商行出貨給泰益號，運往長崎。從基隆出口的白米、砂糖、香蕉，頗為人知，基隆的名聲也因此傳遍世界各地。

泰益號的帳冊證明了基隆港與島內鐵路連通的實質效益，這也是日本人自初登島以來就非常重視的大工程，基隆各地商行透過跟泰益號做生意的機會，與海外世界有了更頻繁的接觸，例如，同樣在草店尾街的金建順，就曾寫信委託泰益號到上海轉口綠豆與棉花，甚至遠及東北鐵嶺的黃豆。根據泰昌號及泰益號留下的書信與帳冊顯示，當時除了長崎與台灣之外，朝鮮的釜山、仁川；中國的大連、天津、煙台、香港；東南亞的新加坡、泗水、巴達維亞、檳城、馬尼拉等地，泰益號都與當地的商號進行過貿易。

因戰爭而結束的商業大家

泰益號與其他在日華商的生意，大概都從 1930 年代開始下滑，因為面臨日本對中侵略戰爭的影響，中國當地的排日情緒昂揚，民間發起抵制日貨、拒絕跟日本人交易等運動，像泰益號這種立基在日本又販賣日貨的商號，首當其衝，無處銷貨造成嚴重的資金流通不良，要購買中國商品回銷日本又遭遇到各種刁難，帳面虧損逐日增巨，泰益號乃至整個金門新頭陳氏家族在長崎的基業，都遭到毀滅性的打擊，最終不得不於 1940 年代，第二次世界大戰尚未結束之前，全面停業。⚓

作者・唐墨

1986 年生，推理作家協會成員。單口喜劇演員。作品內容涉獵廣泛，從戲曲、歷史、飲食、佛學，小說與散文兼擅。

參考資料

- 王志仁，2023 年，《許梓桑與基隆地方社會》，基隆博物館。
- 朱德蘭，2022 年，〈日據時期長崎華商泰益號與基隆批發行之間的貿易〉，《中國海洋發展史論文集》第五輯，中央研究院中山人文社會科學研究中心，頁 427-465。
- 研之有物，2017 年，〈出身金門的貿易航海王：長崎泰益號〉，《中央研究院研之有物》網站。
  網址：http://research.sinica.edu.tw/taiwan-history-archives-business-letter/
- 陳世一，2011 年，《基隆港、市與相關行業百年發展的歷程》，基隆市台灣頭文化協會。
- 歐怡涵，2019 年，〈一間位於長崎的華商「泰益號」，如何串起百年的藥行風華？〉，《故事》網站。
  網址：https://storystudio.tw/article/gushi/tai-yi-hau/

張火焰紀念館內部展示了許多潛水人使用的工具。

WORKMEN 4

台灣潛水百年歷程

從基隆打撈沉船到現代築港工程

撰文——施博文

台灣四面環海，海洋是我們的寶庫。臨海居民潛水捕撈海鮮，成為海洋文化的一部分。日治時期，為建港，日本引進水下工程技術，培養了潛水人才與企業，開啟台灣潛水產業百年歷史。

隨著基隆港需求變遷，當年的傑出潛水工人們，如今身在何處？

台灣潛水產業
從打撈沉船到現代建設

台灣的潛水歷史悠久。早在 1897 年（明治三十年）及 1898 年（明治三十一年），澎湖便有沉船打撈紀錄；日人有田喜一郎靠打撈業務賺取大筆收入，成為台中商人。1898 年（明治三十一年），基隆港「稻穗丸」號沉船，水上警察署調派潛水業者調查並打撈。日治時期，海域

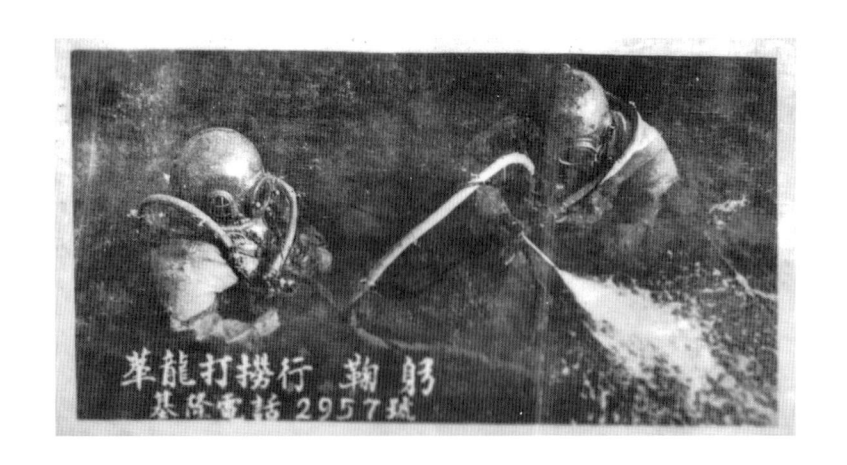

華龍打撈行早年進行打撈工程舊照。

海難頻傳，日本總督府在1900年（明治三十三年）頒布〈台灣水難救護規則〉，規範沉船打撈費用與報酬。若沉船可保全，則可浮起拖行至船塢修理；若不可保全則就地解體，廢鋼材可供煉鋼，當時也興起沉船打撈業。例如，北川淺吉於1941年（昭和十六年）成立北川產業海運公司，專打撈沉船。

潛水行業與公共建設有關聯。雖然目前資料上無直接潛水員參與築港工程的紀錄，但1921年（大正十年）公告的〈土木局現業傭人規程〉中已將潛水員列為聘雇人員，顯示其重要性。基隆知名潛水人張火焰曾提及，他於1936年（昭和十一年）來基隆學習潛水及水下工程技術，後以此業發達，子孫也習得相關技能。

台灣港口大掃除

太平洋戰爭期間，美軍轟炸台灣，造成許多船艦沉沒。日軍為避免美軍登陸，自沉船艦於基隆與高雄港，戰後各港口遍布沉船，打撈沉船成為國民政府接收台灣後的首要任務之一。

1946年，國民政府成立「航運恢復委員會」，積極進行港口打撈復原，並鼓勵民間參與。軍方聘請日籍教練訓練潛水人員，成立國營「新中國打撈公司」，促進打撈業，帶動高雄與左營港的修船業與拆船業發展，解體廢鐵也出售給鋼鐵業者。

基隆因戰時沉沒許多船隻，日本船名，多以某某丸命名，因此被戲稱為「丸子湯」。國民政府接收後，先清理佔用航道的沉船與大型輪船，然後再打撈小型船隻，直到1952年基本清理完畢。基隆港務局委託打撈商解體沉沒的客貨輪與軍艦，打撈工作者還修復遭破壞的碼頭與防波堤。

潛水技術的改進與工程大躍進

打撈產業與潛水技巧息息相關，這項工作不僅專業度高，危險性也極大，因此需要不斷更新潛水技術與設備。台灣約在1960年代引進水肺潛水技術，應用於水下工程作業。雖然此技術最初主要用於船體的檢查、清潔、修護和電焊等工作，但在國民政府的築港工程計畫進行時，仍主要使用傳統的打氣式潛水作業。

隨著1970年代基隆港、高雄港的擴建，以及十大建設中蘇澳港和台中港的興建，潛水員的需求逐漸增加，水下工程的複雜性也隨之提升。因此，政府與業者開始導入新的培訓內容與專業裝備，以培養更多潛水員。

許多原本在海軍專從事水下救難或爆破的軍人，退役後也轉入民間打撈公司參與各項工程。例如，在1975年八斗子漁港興建時，潛水員就使用水肺進行防波堤沉箱的拋石整平，而1979年基隆港的新瀨礁爆破作業，則以水肺潛水鑽孔和填塞火藥，耗時兩年才完成，確保基隆港航道的安全。

潛水員的血淚記憶

潛水員雖然在經濟發展時期很風光，但他們背後卻有許多看不見的

風險。1970 年代，為因應潛水夫病對相關工作人員造成的傷害，軍方開始引進減壓艙裝置，國軍醫院也設置高壓氧中心，進行訓練與治療。1980 年，張火焰創辦的「華龍打撈行」，從高雄的拆船業取得一只從船上拆下的減壓艙，正好在 1986 年的華航澎湖空難打撈時派上用場，讓深入海下 70 公尺作業的潛水員，回到船上得以利用減壓艙減壓，避免確診潛水夫症。

然而，當時政府規定減壓艙屬醫療器材，需要有專業潛醫科醫生才能引進操作，因此他們還特地還請海軍的醫官進行操作，此經驗是第一次由國人完成的飛機打撈工作，從此以後，西部海域的空難事件發生時，幾乎都是由國內的打撈業者完成，而減壓艙的操作則是到 1995 年修法後，才放寬由取得專業資格之人員操作即可。

關於打撈空難經驗，張火焰的四兒子張明福說，不得不提 2002 年澎湖上空，發生的華航空難事件。此事件是台灣史上散佈範圍最大，死亡人數最多的空難。張明福回憶，他們的公司亞太港灣工程，在空難當天即應華航要求，從高雄出動 7 艘打撈工作船、51 名工作人員，其中有 13 名潛水員、2 名潛水總監，

（左上）張火焰紀念館收藏舊時潛水裝備及相關畫作。（左下）華龍打撈行經常需要出動協助全台灣工程。
（右上、右下）張火焰紀念館典藏的華龍打撈行老照片與資料。

隔日就馬上到澎湖失事海域進行搜救打撈，配合海軍掃雷艦的金屬探測定位。過程中除打撈飛機殘骸外，同時也要在水中將罹難者裝入屍袋，拉上船後再幫忙沖洗大體，保持罹難者的完整清潔。此不幸之事，共花了41天才完成打撈。

潛水行業亟需人才！

海事工程擴展至海纜工程、水庫維修、水下測量和考古潛水等，並引入飽和潛水作業，利用專門的壓力艙進行長期任務。張明福表示，現今潛水人員設備已大幅進步，全罩潛水帽配備探照燈和對講機。潛水員透過吊籃送至工作深度，減輕體力負擔，水面人員可即時指導潛水員，降低水下壓力。

近年政府推動綠色能源，離岸風機需求增加，帶動海事工程發展。然而，高風險和遠離陸地讓年輕人卻步，現有從業人員年紀增長，人才養成困難，業者急需新血加入。⚓

作者・施博文

雞籠霧雨成員，參與過雞籠霧雨第三刊及第四刊採訪、編輯及攝影，期待能從庶民人物誌中發現不一樣的基隆歷史與故事。

參考資料

- 《信傳媒》，2023年2月26日，〈人物：靠天吃飯的海事工程黑手二代 終於等到離岸風電時代來臨〉，網址：https://www.cmmedia.com.tw/home/articles/38771。
- 水中運動協會，網址：nowforyou.com。
- 柯雅惠，2007年，《戰後海運事業的接收及臺航之成立（1945～1947）》，國立中央大學歷史學研究所碩士論文。
- 國史館臺灣文獻館文獻檔案查詢系統，文件包括：〈澎湖島沖難破沉沒船引揚二關スル件〉、〈山科禮藏零碎品除却願〉、〈同人沉沒艦船探險及引揚方二付願、同上許可〉、〈同人零碎品除却願二付澎湖廳へ回答〉、〈橋本清、有田喜一郎外一名沉沒船引揚願〉、〈同上許可不相成儀澎湖廳へ通牒〉、〈以上處分方行違ノ儀二付澎湖廳稟申〉、〈山科禮藏沉沒船探險及引揚方許可取消ノ件〉、〈沉沒船引揚處分ノ件〉、〈澎湖列島附近二於ケル沉沒船引揚等二關シ安平稅關長通達〉、〈基隆港內沉沒船遞信省所稻穗丸處分方ノ件〉、〈台灣漁業規則施行規則〉、〈台灣總督府土木局現業傭人規程〉。
- 國軍左營總醫院，〈潛水醫學部高壓氧中心〉，《國軍左營總醫院》網站。網址：https://806.mnd.gov.tw/special_area/hbot/。
- 基隆市文獻委員會，1957年，《基隆市志 港務篇》，基隆市文獻委員會。
- 張火焰紀念館館長張明福先生口述訪問，2024年。
- 劉芳瑜，2011年，《海軍與台灣沉船打撈事業（1945-1972）》，國史館。
- 蔡昇璋，2021年，〈廢鐵變黃金：從沉船打撈到拆船王國〉，《檔案樂活情報》，第167期，國家檔案局。

Chapter.04

住宅

Housing
in Keelung

基隆築港後快速吸引移民湧入，但因為腹地狹小，所以很快面臨居住空間不足問題。日本時代開始，即成立台灣第一家土地開發公司「台灣建築株式會社」，配合政府政策，興建符合新法規的建築。政府建設公營住宅時，也鼓勵民間興建慈善住宅、成立「住宅組合」。

國民政府來台後，許多軍人與新航業者來基隆，住房問題繼續延燒，而由民間發起的「基一社」成立，蓋了許多由民眾自己合資的公共住宅。合作大樓的工作更包含幫助弱勢社員與區域興盛等工作。此外，若拉近看航港人員的住宅，我們更能發現從日治時代開始，即有為航港長官與碼頭工人所設立的新興區域，分別坐落在港邊西岸山頭，現在也成了基隆的地景特色。

基隆的景觀，在築港後還有哪些改變呢？

義美石頭火鍋

基隆市街全景
view of kiirun city.

基隆新原書店製基隆市街全景。圖片出處：開放博物館（典藏者：國立臺灣歷史博物館，政府開放資料）

HOUSING 1

住宅百年物語

因港而生的基隆民居

撰文──沈孟穎

基隆作為海港城市，由於先天腹地狹小，外來移民又持續湧入，從日治就一直面臨住宅短缺的問題。尤其是基隆港第二次築港工程，配合 1907 年（明治四十年）實施基隆市區改正計畫，整座城市發生巨大變化，政府為解決築港工程帶來的居住問題，嘗試許多方式，更鼓勵民間興建慈善住宅與成立「住宅組合」，並提供低率貸款等措施。這些由政府介入，非單純商業市場給供買賣所產生的公共住宅，背後呈現哪些價值理念，以及生活形態的變化？

清代的港區市街生活

築港前，「雞籠灣」不過是個天然港灣的小漁港，但它在 1860 年代開始作為淡水港附屬港口後，逐漸被納入世界貿易體系，迎來國際物產與外國商業勢力。

（左）基隆市街圖，可得見傳統漢人市街的生活景象，創作時間為 1885 年清法戰爭後。圖片出處：國家文化記憶庫（公有領域）。（右）基隆港市街圖，圖中可見中式屋簷及亭仔腳。圖片出處：國家文化記憶庫（公有領域）。

清治末期的基隆街市，已形成相當規模的聚落，其商、貿、漁、農產業皆發達，當時的市街多達 15 條，且各條街各有其產業特色。就如陳成章研究所描述：「中式的屋簷下，街道、商家人聲鼎沸，大燈籠懸掛在街市通透的門面內，立柱間開闊的格局規劃，也讓行人、商品更容易流通。街底的大圓窗花，古色古香」。

伴隨築港工程而來的基隆居大不易問題

清代時，基隆港還只是對外貿易的次系統通商港口，但隨著日本殖民經營與建設腳步，此地逐漸成為獨樹一幟的角色。如果說「基隆為殖民地現代化與文明開化計畫的核心」，基隆港周邊的城市規劃、產業開發與日常生活的佈署，就是驅動的引擎。

基隆港周邊的居住模式，顯示不同族群的社會分類。港口的南邊舊市街（稱大基隆）住著自清朝移民至此的本島人（漢人與極少數原住民），而日本人則聚集在港邊的東部及往南，以及田寮運河北部的新區域（稱小基隆）。

這樣的居住分布其實並不難理解，因為久居於此的福建漳州移民者的舊市街，難容後來到語言與文化皆不相近的新殖民者。如果以殖民者視角來說，亦不見得願意委身在不

符合「現代」的生活環境裡。因此，劃分這兩區的田寮河，不只是物質的現實存在，更是有形的隱喻。但既使如此，生活在此的城市居民，以無比的熱情與堅持，共同打造了生氣勃勃的新城市。

1899年（明治三十二年），日治政府為有效率增進基隆港功能，台灣總督府展開基隆港的築港工程，並於1900年（明治三十三年）成立臨時台灣總督府基隆築港局，就此，基隆港邊的土地開發與建設便進入全新的時代。

分階段實施的築港工程，逐步將基隆港轉變為台灣對外旅運航線中最重要的一個節點，往來基隆的人潮眾多，再加上築港工程的進行、礦產的開發與輸出、漁業資源的開採、農產品加工業與金屬工業的興起等等，此漸壯大的港都，不僅為勞動者提供工作機會，同時也造成了一屋難求的住宅問題。

1919年（大正八年）《臺灣日日新報》刊登一段報導〈噫住宅難〉，文中闡述當時基隆面臨的「住宅難」的問題，包括「住宅缺乏」和「房租騰貴」等，不僅造成勞工階層生活上的一大負擔，並引起社會上的不滿。再加上來臺的各大會社，讓大多數的社員以「租屋」過活，無法提供妥善的宿舍空間，有時還會遭受房東的無理刁難，甚至「侵佔他人土地、隨意搭建住宅」，造成原地主的不滿等狀況嚴重。「住宅難」之歎不僅僅指出住宅缺乏的問題，而是隨之而起的各種社會問題。

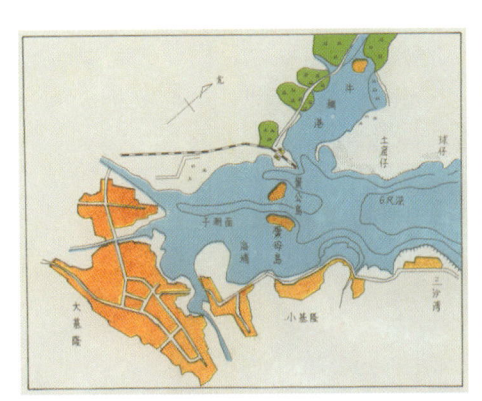

（左）1895年的基隆市區圖，圖中已標示出大基隆、小基隆。圖片出處：國家文化記憶庫（公有領域）。
（右）基隆日新街，實施市區改正後整潔、方正的街景，日人生活區，位置即今日義一路。圖片出處：國家文化記憶庫（公有領域）。

Chapter.04 住宅　109

台灣第一間土地開發公司：
台灣建物株式會社

日本政府為了公共衛生和城市的現代性，於 1900 年（明治三十三年）制定了「台灣家屋建築規則」及其施行細則，管制了包括增建、改建，均須送基地面積、位置、設計及放樣書等等，申請須由地方長官許可。此制度已初具近代建築法制之雛形，且與「市區計畫」告示緊密配合，逐步實施。

推動第二期築港工程時，基隆港周邊開始進行填海造陸的工程，其中大多位於哨船頭街（即義重町，大致涵蓋基隆市義一路至義三路間，及信一路至信七路之間的街廓）。日本政府將基隆內港的鱟公島移除，鱟母島以浚港泥沙填埋，並拉直海岸線，增加小基隆腹地面積。由於基隆是台灣與日本的交流門戶，哨船頭街又是基隆港上岸所必經之地，官方希望由大型建物會社統一開發，可以顧及街景整齊美觀，並改良家屋衛生。

在此背景下，台灣本島第一家土地開發公司「台灣建物株式會社」誕生了。其由《臺灣日日新報》主筆木下新三郎所成立，而台灣實業家李春生與辜顯榮也是大股東。成立初始，會社本店設置在基隆，台北設立分店，之後於高雄、嘉義設立出張所。

台灣建物株式會社成立首要事業即為配合基隆築港計畫及基隆市區改

台灣建物株式會社後來更名為「台灣土地建物株式會社」，此為其基隆支店。圖片提供：國立臺灣大學圖書館。

基隆哨船頭街，圖中左側建築即為具備露台的「歐洲型亭仔腳」。圖片提供：國家圖書館。

正計畫，進行家屋建設。同時總督府也給予補助金、官有地之讓售與免費租借、公有建物之讓售或繼承經營權、建築技術支援等。所以這不是一間單純民間商業的建設公司，可說是由官民共同經營。

台灣建物株式會社針對哨船頭街的新生地建物，提出符合「台灣家屋建築規則」的壹等、貳等、參等不同戶型設計。當時住宅已有廁所的設置，地基使用水泥及磚。從內部空間分配到外觀樣式，使用「外部洋風、內部和風」的建築手法，與19世紀後期日本銀座煉瓦街的風格類似。另外一個特點是採取具備露台的「歐洲型亭仔腳」設計。不過這種開放式露台其實不適合基隆多雨天氣，保存不易，所以如今幾乎都已不復見。

台灣建物株式會社於1910年（明治四十三年）合併中立起業株式會社。由於中立起業株式會社持有基隆近六十萬坪的土地，所以合併後，台灣建物株式會社成為基隆首屈一指的大地主，在小基隆與田寮港兩大黃金地段持有大筆土地。

台灣建物株式會社在台灣發展成熟後，還來還反攻日本東京。1916年（大正五年）台灣建物株式會社更名為「台灣土地建物株式會社」。1923年（大正十二年）日本發生關東大地震，由於此前會社已購入東京土地，而在地震後需重新建設都市的

Chapter.04 住宅 111

1924 年的基隆博愛團公共長屋，共 3 層樓。拍攝地點在今愛三路、仁四路口一帶，與仁愛市場相鄰的位置。
圖片出處：國家文化記憶庫（公有領域）。

契機下，在日本另成立「第一土地建物株式會社」，將此前在台灣長年累積之住宅經營和住宅建設等經驗，在東京展開。

為台灣底層居民而設的慈善住宅：基隆博愛團

1919 年（大正八年），基隆受到連日的大暴風雨襲擊，造成千人無家可歸，基隆當局緊急在高砂公園河岸興建兩棟臨時木板長屋，安置難民。但這並非長久之計，1920 年（大正九年）基隆富商顏雲年，聯合商業夥伴及基隆支廳長向總督府申請成立「財團法人基隆博愛團」，希望能提供難民、貧民較低租金的房屋，解決其居住問題，並同時為底層民眾，提供醫療與職業介紹等社會服務。

1922 年（大正十一年）位於福德町、元町的基隆博愛團總部完工（今愛二路、愛三路與仁四路口），為三層樓的西式鋼筋混凝土磚造建築，鄰近基隆最大公共市場與奠濟宮。建築中，一樓為店鋪，二、三樓為住家。每戶有一廳一房，廁所則為公共使用，並附設公共炊事場、浴室、運動場、庭園，可說是新式

公寓住宅之創始。據稱可收容一千人，其以相較低廉的租金（與同時期市營公共住宅租金相比），受到許多苦力、舢舨夫、小商販、勞動者的歡迎。

基隆博愛團近似美國睦鄰之家，除提供廉價住房外，還結合就業安置、職業訓練、醫療照顧等功能。台灣婦人慈善會出資建設醫療室、公共浴室與幼兒園，並請台北仁慶醫院開設診所提供醫療服務。博愛團成立之初獲允大量捐款承諾，後只能只能仰賴租金、捐款與補助金維持，最終因租金低廉、收支不平衡無法負擔債務，1935 年（昭和十年）只好把主要建物與所有資產賣給台北州，由市役所接管。

戰後基隆博愛團仍維持租賃給平民，但因日漸老舊，於 1980 年代拆除，改建為博愛、仁愛大樓，以國宅的形式繼續存在市民生活中。

市營住宅：
天神町、東町與漁民住宅

1919 年（大正八年）後，除了有台灣人自己建設的基隆博愛團外，官方也委託台灣土地建物株式會社在田寮港興建天神町 66 戶（今愛九路底南側），1939 年（昭和十四年）新增 46 戶，共計 122 戶；東町公共住宅 56 戶（有 10 戶是台灣今信義區禮儀里、禮東里），並由市費維持經營。

天神町公共住宅，位置在今愛九路底南側。圖片提供：國立臺灣大學圖書館。

Chapter.04 住宅 113

1921 年（大正十年）完工的天神町，每月租金為 17 圓，還附設游泳池、浴場及俱樂部，很快就搶購一空；而東町住宅共 56 戶，租金 17 至 30 圓不等。這兩處公共住宅都是設在以日人為主的地區，租賃者多為官吏、會社雇員、商家。

根據史料描述天神町公共住宅為一棟四戶或六戶建長屋。自老照片看來，長屋為木構造和式住宅，屋幢水平排列、門前後有排水溝、街道上設有電線杆與水井，呈現出整齊且經規劃之社區形象。

和平島的正濱漁港於 1934 年（昭和九年）建成，是當時北台灣最大的漁港。除了在周邊興建處理漁業行政的「水產館」以及建置大型的漁業工業設施如水產試驗場、漁船停泊區、魚市場、製冰所、造船廠、商船水產講習所等設施，也在漁港及八尺門周邊建置漁民住宅，有甲住宅、乙住宅，又分貳戶建、四戶建，共四種房型，總共 200 戶，使用者以內地日本人為主。

民間互助、信用保證的住宅組合

一戰後日本本土同樣面臨住宅存量不足、租金上漲的困境，所以總督府於 1921 年（大正十年）年實施「住宅組合法」，鼓勵想擁有房屋的居民組成互助組織，讓資源較少、信用不足的人們相互扶持，增加信用，以獲得政府低率融資，取得土地、建設房屋。

當時台灣住宅短缺問題嚴重，仰賴民間慈善住宅或政府公共住宅只是杯水車薪，緩不濟急，於是就有鼓勵組織住宅組合，由政府提供低利資金興建住宅的構想。但由於該法案不適用殖民地台灣，只能依循「產業組合法」成立類似性質的建築購買信用組合。

1924 年（大正十三年），「基隆住宅利用組合」正式成立運作，最終會員招募至 24 人，共 1200 股，每

日治時期「基隆住宅利用組合」社徽。（《保證責任基隆市第一住宅公用合作社慶祝創社八十週年紀念特刊》／基一社提供）

股收取 50 圓，加上勸業銀行的低利借貸 6 萬圓，總共 12 萬圓資本。之後因應業務範圍增加如社員存款、購屋而數度易名，至 1940 年（昭和十五年）名為「基隆住宅信用購買利用組合」。

「基隆住宅利用組合」成立後，其業務包含將鼻子頭、石牌、旭橋、田寮港等地的陋屋改建為磚房，二戰前共完成八批住宅。1940 年代，隨著太平洋戰爭的動盪，社員紛紛避難退社，業務停頓，瀕臨破產，於 1946 年組合停止運作，之後改組成為「基隆市第一住宅公用合作社」，在戰後仍持續活躍。⚓

作者・沈孟穎

畢業於中原大學室內設計學系與成功大學建築學系，自投入學術領域以來，長期關注空間的現代性（化）歷史，也就是空間形式如何從傳統社會過渡至現代社會的轉化過程，以及思考如何縮短學術史學與大眾間距離的可能。

參考資料

- 朱惠足，2007 年，〈作為交界場域的「現代性」：往返於沖繩八重山群島與殖民地台灣之間〉，《文化研究》第 5 期，頁 49-86。
- 林光計畫主持，2008 年，《基隆港口述歷史：期末報告》，交通部基隆港務局。
- 林宜錦，2021 年，《日治時期基隆義重町生活文化探微》，國立臺北藝術大學建築與文化資產研究所碩士論文。
- 林倩如，2024 年，抵抗資本主義的基隆百年烏托邦：全臺僅存的「住宅合作社」實驗，《故事》網站。網址：https://storystudio.tw/article/gushi/Keelung-Housing-Cooperative。
- 林偉，2024 年，〈熬夜排隊搶房、會員逆天福利──傳承百年的「基隆第一住宅合作社」大揭祕！〉，《故事》網站。網址：https://storystudio.tw/article/gushi/Keelung-First-Housing-Cooperative。
- 雨都漫步，2024 年，〈在時代浪潮下成長的百年基隆／港與港人（上）── 基隆港歷史〉、〈在時代浪潮下成長的百年基隆／港與港人（下）── 戰後的基隆港口〉，《雨都漫步》網站。網址：https://keelungfor-a-walk.com/zh/%E6%96%87%E5%8C%96/16288/
- 洪紹洋，2011 年，《近代台灣造船業的技術轉移與學習》，遠流。
- 張心穎，2018 年，《基隆港區域發展與市街地景變遷》，國立東華大學台灣文化學系碩士論文。
- 陳正哲，2018 年，〈20 世紀初台灣公益性住宅公司的誕生：台灣（土地）建物株式會社之性格考察〉，《環境與藝術學刊》，19 期，頁 65-84。
- 陳凱雯，2004 年，〈帝國玄關──日治時期基隆的都市化與地方社會〉，國立中央大學歷史研究所碩士論文。
- 陳凱雯，2013 年，《日治時期基隆築港之政策、推行與開展（1895-1945）》，國立中正大學歷史研究所博士論文。
- 鄧宏旭，2018 年，《日治時期台灣都市不動產業之形成與影響－以基隆、臺北、高雄為例（1895-1936）》，國立中央大學歷史研究所碩士論文。
- 戴寶村，2011 年，《台灣的海洋歷史文化》，玉山社。

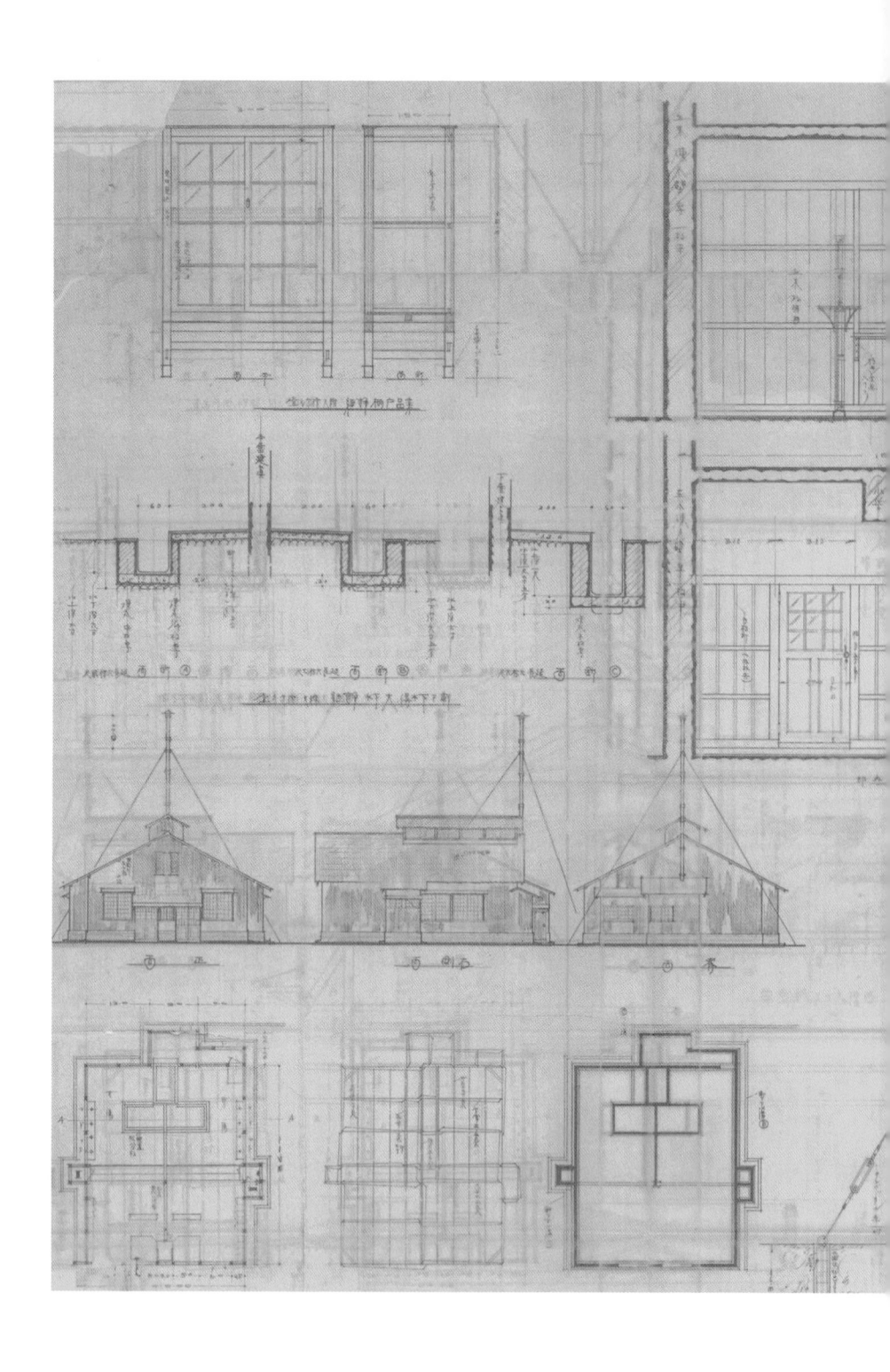

116　望基隆：船行年代的港城舊事

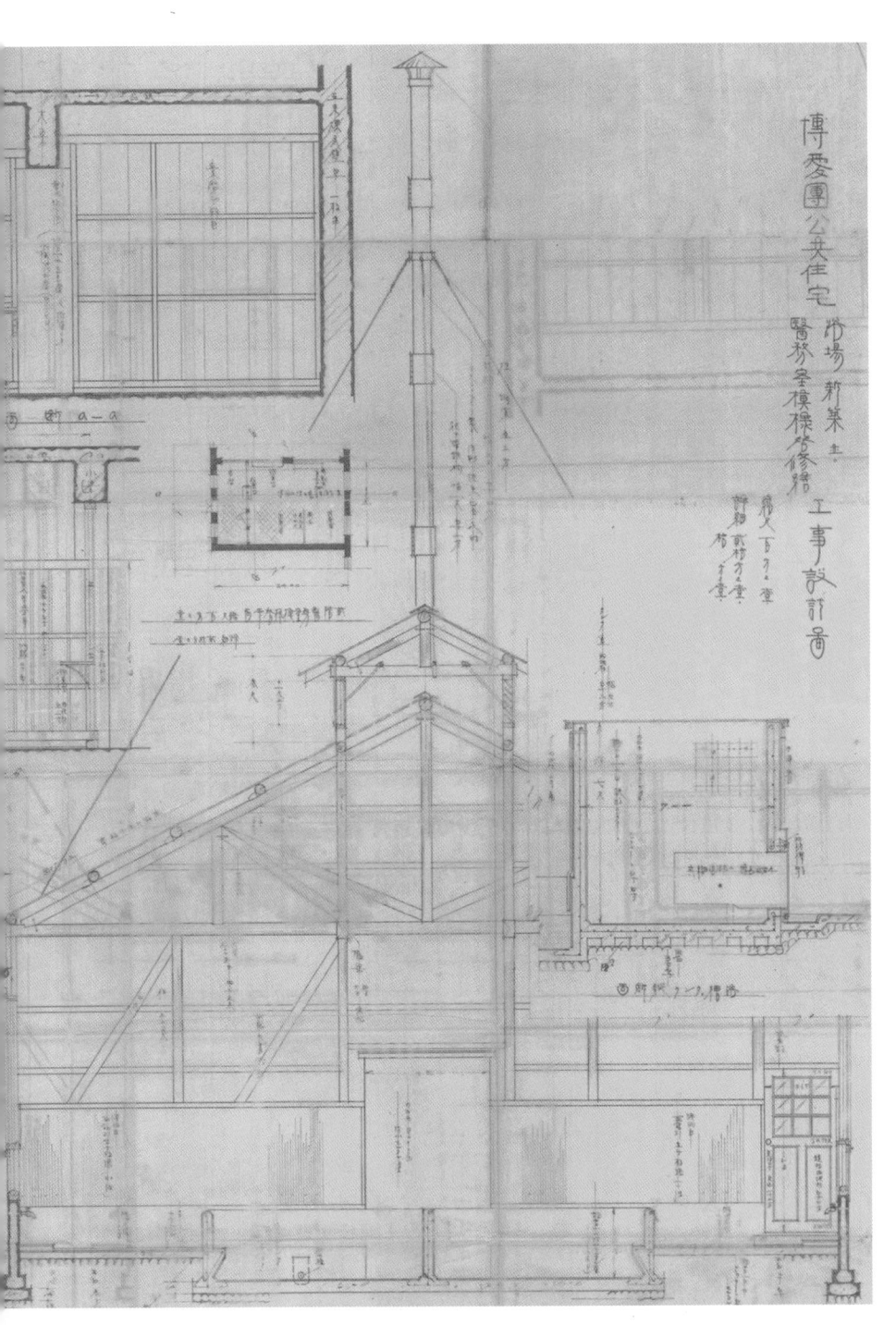

博愛館建築圖。圖片出處：國史館臺灣文獻館（「基隆市博愛館建物其ノ他買收資金借入(指令第四九三五號)」（1935-08-01），〈昭和十年國庫補助永久保存第三十九卷地方〉，《台灣總督府檔案・國庫補助永久保存書類》，典藏號：00010682002）。

碼頭工人修築新房子。圖片提供：國立臺灣大學圖書館。

HOUSING ②

深耕在地
從屋到家

市民共組的公共住宅

撰文——沈孟穎

　　公共住宅不僅是居住空間，還是政府描繪理想生活的畫布，隨著不同職業和族群身分織出多樣圖景。戰後基隆的公共住宅發展就像一場時代變奏曲，有幾個特別的音符值得一提。先說日本時代的「台灣住宅營團」，在基隆蓋的住宅巧妙結合了日式與漢式風格。接著，1950年代隨基隆港復甦，美援資助下誕生了一批碼頭工人住宅，後來的鹽工、礦工住宅也沿用了這種模式。到了1970年代，安樂國宅則成了郊區集合式住宅和通勤新生活的代表作。還有不得不提的海濱國宅，這裡主要住著阿美族居民，最近因《八尺門的辯護人》再次吸引了大家的目光。

日本時代的最後迴聲：
台灣住宅營團

1941年（昭和十六年）太平洋戰爭

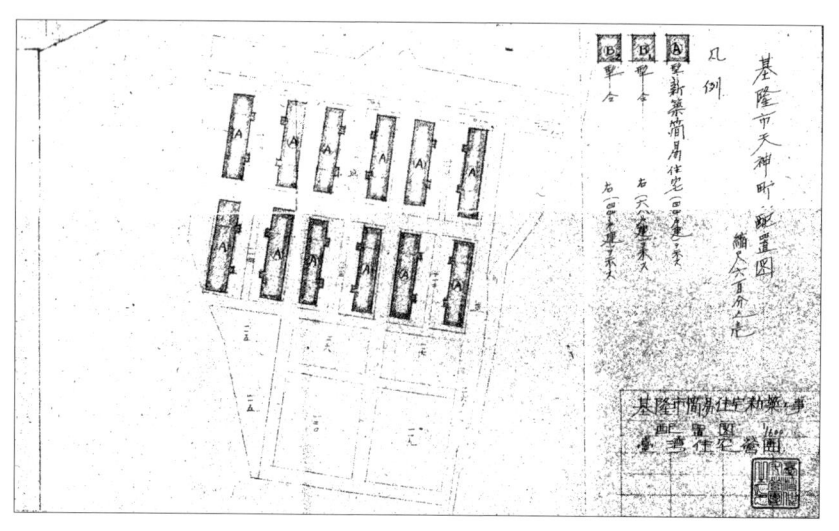

日治時期天神町住宅配置圖。圖片出處：國家發展委員會檔案管理局典藏。沈孟穎提供。

爆發，戰事越來越緊繃，總督府全面掌控經濟與各項資源。在公共住宅營建方面，仿效日本內地作法成立「台灣住宅營團」，以法人機構方式經營，但資金、人事與管理均掌握在總督府手中，負責人是總督府退休官員，該機構類似現在的國家住宅及都市更新中心。主要任務為以官民合作集中資源、調度物資方式，興建大規模且廉價之庶民和勞動者住宅社區。「台灣住宅營團」所興建的住宅多在台北周邊不設町的郊區地帶，符合集團計畫性開發的政策目標，更有利於戰時住居疏散。

戰後「台灣住宅營團」與其他公司合併為「台灣省營建股份有限公司」，之後由公共工程局接收。而台灣住宅營團最後一批蓋的住宅即在基隆，是戰後 1946（昭和二十一年）日人留用技師設計完成。這些住宅位於天神町、綠町、眞砂町、社寮町與瀧川町，共計 54 棟 268 戶，構造形式皆為木造房屋。這批住宅採配售制，但不含地權，亦可租賃。

此案設計上的特殊處在於，一般和式住宅設計邏輯以「帖」（或稱疊）塌塌米模矩組合，本案雖由日本設計師完成，但明顯非由帖的房間組成，而是傳統漢人以牆體圍塑空間方式進行，在圖名上可見「房子」這樣的稱呼方式，顯示交接期兩種空間系統的轉折。

全台唯一留存的住宅合作社：基一社

戰後 1946 年，基隆住宅組合結束後，由基隆木材商人顏世昌擔任改組顧問，領導原基隆住宅組合改組為「有限責任基隆市住宅公用合作社」，至 1950 年為與戰後改組的「基隆市漁民住宅公用合作社」區隔，因而加入「第一」改名「基隆市第一住宅公用合作社」，簡稱「基一社」。

基一社立的目標即為「以輔助解決房荒為目的，購置地產，採辦建築材料建築房屋租售社員利用。」於 1946 年（昭和二十一年），基一社陸續在基隆完成不同形式住宅。

戰後建材缺乏又工資暴漲，1966 年後基一社逐漸恢復元氣，建築事業資金逐漸充裕，業務進步飛速，自行營建集合住宅與店鋪住宅，整修合作社原有房產，並將改建完住房出售，快速回收資金以進行新住宅開發。1976 年基一社開始購地自建大型集合住宅，並向社員釋出購屋名額。並保留一部分為產權共有，出租予弱勢社員或商業用途。這些新建的住宅多為步登公寓與聯排店鋪住宅。

基一社的運作方式為，當有建築計畫時，會徵詢社員購買意願，登記完畢後這些社員便成為該棟房產的擁有者。而非擁有者的會員，有時也會因為控制營建成本的需求而投入營建工程中，如利用自有的各種

（左）基隆市首座合作新村社區式社員集合住宅。（右上）基一社住宅內部空間。（右下）戰後「基隆市第一住宅公用合作社」社徽。圖片出處：《保證責任基隆市第一住宅公用合作社慶祝創社八十週年紀念特刊》，基一社提供。

資源,包含建築設計、材料採購、機械器具、營造與監造的工班勞動力等。

隨著基隆土地的飽和、建築成本的高漲,基一社在 1994 年完成最後的合作大樓興建後,便不再進行住宅興建的業務,而回歸至基本業務,包括各項住宅的公用設備維護與修繕、社員股息發放、獎助學金發放、敬老津貼發放、年終紀念品發放等業務。

美援自力造屋第一案:基隆碼頭工人住宅

基隆港務的發展、港口的大量卸載,無論在哪個時代,背後都仰賴著碼頭工人的辛勤作業。碼頭工人人數眾多,生活條件卻非常低落。

1953 年一場風災吹垮非常多碼頭工人棲身之所,為收容受災戶以及隨著基隆外港擴建導致外來人口湧入,牛稠港周邊的碼頭邊緣坡地,開始興建房舍。當時美援相對基金撥付六十萬元給基隆市碼頭裝卸職業工會,籌建基隆碼頭工人住宅。總共蓋了 118 棟,取名「健民莊」,象徵健康之意,因居民以碼頭工人居多,又名「碼頭新村」。位置即在今日罾子寮健民街一帶。

據說當時美方駐華安全分署物資處顧問傅萊利和碼頭工人熟稔,因此商請外洋輪船公司,捐贈大批壓艙

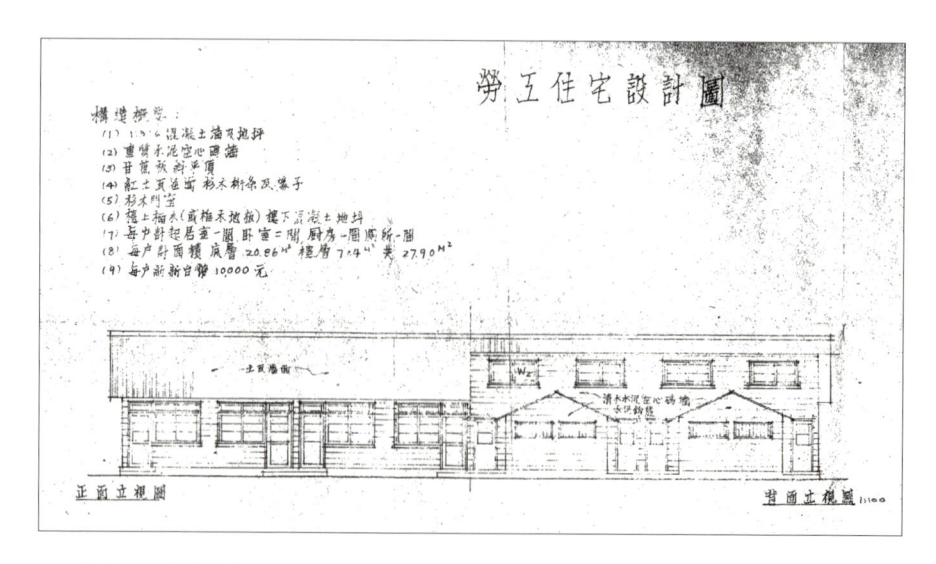

1955 年王大閎設計的基隆碼頭勞工住宅立面圖。圖片出處:國家發展委員會檔案管理局典藏。沈孟穎提供。

望基隆:船行年代的港城舊事

木以作為建材，號召工人以自助方式建造廉美實用的小屋。因此操作方式為申請工人以抽籤方式決定誰有權參加建屋計畫，中籤工人須出工自助建屋（如整平地基、搬運材料……等工作）。購買新屋採取按月付款方式，在十年內償清，新屋所有權屬工人所有。

這批簡易的工人住宅，在台灣建築史上別具意義。美援會聘請當時歸國的「青年」建築師王大閎設計。這些每棟造價1萬元之極簡工人住宅，為少見的半樓（具小閣樓）住宅，一樓為客廳、廚房、廁所及一臥室，另有一臥室於閣樓。由此我們可揣想王大閎心目中的工人住宅樣貌。

客廳以一拉門連接臥室及一木構直梯連接閣樓房間，這樣設計頗為特別，對台灣漢人來說房間是最小隱私空間，不若日人喜愛開放式、彈性利用的房間，以拉門與木梯象徵著現代主義住宅的平面流動感，亦顯示家戶內的「不是一家人不進門的」親密營造。尤其是一樓的臥室，應是設想為兼具了餐廳與臥室的起居室功能，能最大幅度的區別（樓上／樓下）父母與孩子之間的生活區隔。

廚房與廁所被置於住宅主體後半段，可直接由戶外院子進入，而不與主體相接。兩戶間共用之院子，扮演著各種家務所需的處理空間亦兼顧了住戶間交流空間，並同時確保二樓閣樓的通風與採光，不被阻擋；入口立面的百葉窗，也有助於室內空間之流動。流動的平面配置與高低層變化、區隔，巧妙的呈現了最小限度生存空間的真義。

山丘上的集合住宅：安樂國宅

安樂國宅始於1970年代，在基隆公宅史上有幾個指標性意義：一、大型集合住宅社區：相較早期的工人住宅，安樂國宅當初的計劃規模是3600戶。安樂社區的有極高比例的住宅區，土地嚴格規範工業使用，並有完善的生活機能規畫，時至今日，安樂區人口已超過8萬人，是基隆人口最多的行政區。二、港埠通勤城市：安樂社區設在偏遠的郊區，住戶必須通勤至基隆市區，整個社區設計目的就是提供基隆港埠充分的勞動人力，城市和郊區相互依存。時至今日，基隆郊區仍不斷滋生新的大型社區，只是隨著基隆港的衰退，通勤方向已由港埠轉為雙北，成為雙北的衛星城市。

安樂國宅是台灣最早的山坡國宅示範社區。圖片出處：《台灣省分區集中興建國民住宅工程實錄（民國65、66年度）》，沈孟穎提供。

此社區也可看到時代的遺跡。例如，住宅內通風及採光都良好，但因為管道整合而浴廁沒有對外窗，且加上未有效分隔空間，各戶專屬空間無法維持方正的平面配置，而讓重視風水的漢人家庭不大喜愛。此外，由於基隆氣候多雨及當年預鑄式工法未成熟，安樂國宅第一期漏水嚴重，天花板水泥掉落，外牆鋼筋裸露，以及違建加蓋等問題，近期基隆市政府啟動都市更新計畫。

「安樂國宅新社區」計畫的脈絡來自港邊建築用地缺乏，市區建設用地取得不易，政府需向市郊發展，開發山坡地，成為台灣最早的山坡地國宅示範社區。

社區主要幹道兩側，基於鄰里規劃單元設計理論的實踐，規劃有學校、超級市場、幼稚園、公園與停車場空間。社區興建於1976至1982年，規劃三期計畫欲興建共計3672戶，按坪數分為三房或二房之住宅單元。二樓以上入口設有陽台，爭取進入客廳前轉折空間，由於室內坪數並不寬敞，因此將客／餐廳合併使用，廚房連接後陽台作服務性洗衣曬衣使用。住宅內部居室都有對外窗戶，維持良好通風與採光。

原住民的家：
由八尺門聚落到海濱國宅

「八尺門」位於基隆市和平島對岸，「八尺」意指和平島與台灣本島間的狹長水道，是一個由阿美族原住民自1960年代起逐步形成的聚落。

此地原是雜草叢生的海防基地，許多來自花東地區離鄉背井的阿美族人，為了從事漁業與相互牽引下遷移至此。又因租屋困難，在工作地附近搭起了聚落，而在此自力建屋，全盛期達200戶。然而，因地區屬於都市計畫保護區及港埠用地，居民的建築屢遭政府強制拆除，常常是拆了蓋、蓋了又拆，曾是政府口中「打不死的蟑螂」，面臨著生存困境。

1980 年代起，隨著媒體報導的增加，八尺門的原住民問題逐漸受到社會關注。1995 年，在促進原住民權益與居住正義的台灣民主風氣下，基隆市政府最終改變政策，以增劃原住民保留地方式，推出海濱國宅計畫，並由原住戶優先承購移住，110 戶專為原住民配售，一般國宅 80 戶，成為全台首座以原住民為對象的國宅。

海濱國宅社區按坪數有三房兩廳及兩房兩廳的格局，並有餐廳客廳獨立、前後陽臺等設計。社區並規劃原住民活動中心及集會廣場，以供原住民豐年祭之民俗祭典使用，八尺門的阿美族人得以在城市邊境中繼續他們的文化與生活，成為族群認同的重要據點。

由八尺門聚落到海濱國宅，可見原住民對「家」的想像概念變化。在聚落時期，自力建屋，大家共同去海邊找材料，並面臨拆除風險，「家」是族人相互照顧扶持所形成。而至國宅時期，家已有明確穩固的物質基礎，私有與公共的邊界被明確劃分。住宅反映了部落生活與當代資本主義的衝突與融合，這也是當代都市原住民所共同面對的課題。⚓

參考資料

- 尹姿文，2008 年，《國際局勢、經濟政策與港口發展：戰後基隆港的營運和消長（1950-1973）》，國立暨南國際大學歷史學研究所碩士論文。
- 林光計畫主持，2008 年，《基隆港口述歷史：期末報告》，交通部基隆港務局。
- 林倩如，〈抵抗資本主義的基隆百年烏托邦：全臺僅存的「住宅合作社」實驗〉，《故事》網站。網址：https://storystudio.tw/article/gushi/Keelung-Housing-Cooperative。
- 林偉，2024 年，〈熬夜排隊搶房、會員逆天福利—傳承百年的「基隆第一住宅合作社」大揭祕！〉，《故事》網站。網址：https://storystudio.tw/article/gushi/Keelung-First-Housing-Cooperative。
- 雨都漫步，2024 年，〈在時代浪潮下成長的百年基隆／港與港都人（上）— 基隆港歷史〉，《雨都漫步》。網址：https://keelung-for-a-walk.com/zh/%E6%96%87%E5%8C%96/16288/。
- 雨都漫步，2024 年，〈在時代浪潮下成長的百年基隆／港與港都人（下）— 戰後的基隆港口〉。網址：https://keelung-for-a-walk.com/zh/%e6%96%87%e5%8c%96/16289/。
- 洪紹洋，2011 年，《近代台灣造船業的技術轉移與學習》，遠流。
- 張心穎，2018 年，《基隆港區域發展與街市地景變遷》，花蓮：國立東華大學台灣文化學系碩士論文。
- 張炎憲、胡慧玲、高淑媛採訪記錄，2011 年，《基隆雨港二二八》，臺北：吳三連台灣史料基金會。
- 莊淯琛，2019 年，〈家的物質性：都市、國宅，與阿美族人的「家」〉《原住民族文獻》第 40 期，頁 22-28。
- 楊凱仁，2024 年，《成為郊區：基隆郊區化與通勤政治》，國立臺灣大學地理學研究所碩士論文。
- 戴寶村，2011 年，《台灣的海洋歷史文化》，玉山社。

高遠新村的築港出張所官舍。

HOUSING
③

基隆西岸是故鄉

航港人的居住空間

撰文——Sabrina

在基隆人的話語中，「東岸」指的是大家常去的海洋廣場、廟口到和平島一帶，而「西岸」則是有「KEELUNG」大字的山頭那邊。即便是當地居民，對這個區域也常感到神秘。繞過基隆港抵達西岸，時間彷彿慢了下來，難以想像這裡曾是基隆最繁華的區域之一。居住在山邊的人們，究竟為基隆的航港產業創造了怎樣的輝煌？

近萬人航港人的身影，棲居於西岸的山城中

二戰後基隆港開始復甦，築港工業變得繁忙，吸引來自全台各地的人才，以及戰後的外省移民。他們來到基隆港口討生活，那時候還沒有貨櫃，港口需要大量人力卸載貨物，背後全靠碼頭工人的辛勤作業。

台灣經濟起飛最蓬勃的 70 至 80 年代，基隆港站上世界第 7 大貨櫃港，有超過 6300 名碼頭工人依靠基隆港維生，他們逐漸在此落地生根，將基隆視為第二個故鄉，尤其在西岸的和平里、仙洞里、太白里、以及太平山城一帶，形成了多元又獨特的築港聚落生活區。

守護基隆港的高遠新村官員們

隱藏在基隆港西岸小山丘的「高遠新村」，見證了基隆港從日治時期到國民政府來台後的發展，匯集了來自全台各地的港務局職工、外省移民、碼頭工人、日本官員等不同背景的人們，從日治時代起便是築港官員的宿舍群，戰後持續作為港務局員工宿舍，並增建上百戶二到四層的水泥樓房，是航港職人棲身之所。

較為人知的「高遠新村港務局局長官舍」，興建於 1930 年代，原為「築港出張所官舍」，當時為因應築港需求，修建宿舍供所長、技師與職員寄宿使用。戰後房舍撥歸基隆港務局使用，官舍群更名為高遠新村，所長官舍則作為「港務局局長官舍」使用。後來因荒蕪閒置，建物結構受損，港務公司推動修復再利用計畫，重現建物歷史樣貌。官舍視野極佳，可俯視基隆港，但附近卻有許多防空洞。基隆港在日本時代是重點開發之處，也是二戰時美軍的主要轟炸地，因此有許多避難的防空洞群，高遠新村也不免如此。現在我們到高遠新村參觀築港出張所官舍時，即可見證此高級住宅與防空洞並存的歷史美感。

高遠新村旁的「基隆築港殉職者紀念碑」也是航港人重要的遺跡與象徵。日本時代為了紀念築港以來因工殉職的人員而建，由於 1920 年代興建西 16 號碼頭時犧牲人數最多，因此選址在在西 16 號號碼附近，面朝基隆港建造此碑。從 1899 年開啟的五期築港工程，奠定了基隆港現代化的重要基礎，從紀念碑可遠眺基隆港，也是守護基隆港的象徵。

目前高遠新村的居民，多為戰後由中國來到台灣，從事港務相關工作的移民及其眷屬。這裡的在地媽媽們都能端出充滿濃濃眷村味的拿手好菜，例如熗餅、熏魚、瓜仔肉碼頭飯、珍珠丸子。近年地方社區協會積極投入，讓高遠新村不僅保存航港人的歷史，更發展自己的特色行旅，可謂基隆的寶藏！

（上）高遠新村。（中）從高遠新村遠眺基隆港。（下）基隆築港殉職者紀念碑。

別有洞天的仙洞聚落
奠基基隆港發展

繞過位在基隆高山地區的高遠新村後，在它山腳的，也是另一群航港人居住的重要根據地：仙洞地區。此地在清朝時是小漁村，日治時期的築港工程讓它容納許多工人，國民政府來台後的碼頭發展，更吸引許多移民，近年甚至還有外籍移工加入。這裡的轉變，等於基隆港的發展軌跡！

由於戰後基隆港埠發展所需，在仙洞腹地築港，並將其作為碼頭裝卸，以及船隻停泊的重要區段。築港官舍群與碼頭苦力聚落，便形成此處的獨特網絡。仙洞的「聖安宮」便在此背景應運而生，當時急需依附碼頭運作的人力，來自大甲、梧棲和鹿港等地的移民漸增，他們在落腳的聚落延續信仰香火。主祀為開基六媽，成為大甲鎮瀾宮第一座媽祖分靈地，因此聖安宮又稱為「基隆大甲媽」，至今成為許多在地居民的重要信仰中心。

聖安宮的故事，許多遊客都熟知，但是老仙洞人，一定會提起仙洞國小旁的「陳醫院」。它是建於民國43年的兩層樓建築，更是當時是仙

仙洞聚落在西岸港邊，隨時可以看到貨櫃與碼頭工作。過去航港工作者聚集在此，聚落中還留有教會、國小與漢人民間信仰王爺。

(左)太白莊。(右)白米甕砲台。

洞的大地標。以它為中心點出發，可以發現仙洞的歷史軌跡，右邊是日治時期遺留下來的築港官舍，住著港務局的公務人員和眷屬；左邊則是雜貨舖、教會、仙洞國小和基隆港檢疫所，住著碼頭苦力，整個社區非常熱鬧，更是侯孝賢拍《悲情城市》時的取景地點。

至70年代，基隆港為了搭上國際貨櫃潮流，將原本的宿舍群拆遷，在仙洞周遭整地興建貨櫃場，許多居民因此搬出仙洞，造成人口外移。加上1977年薇拉颱風的侵襲，使得醫院的樓房半毀，陳家也從此鎖上大門，原居民舉家移住台北發展。所幸近年陳氏家族計畫將「陳醫院」原貌重新修復，將其打造為仙洞的「文化客廳」，展示百年來的家族歷史與仙洞記憶。

濃厚戰爭歷史的太白莊
努力發展觀光

穿越仙洞地區，繞過貨車在碼頭的出入口交流道後，令人眼睛為之一亮的太白莊就在眼前。三百多年前，太白莊原本是一個小漁港，在時代的軌跡上，它曾被賦予過許多名稱，包括荷蘭城、港太社區、太白莊和白米甕社區，但無論名稱為何，它都扮演重要的航港角色。

當地居民大多從事與碼頭相關的工作，有單純來基隆港工作而落腳的居民；也有跟隨當時國民政府來台的退伍軍人，到這裡定居再成為碼頭工人的家庭。這些來自不同時空背景的家庭，在這裡沿著山坡搭建住所，形成目前所見的太白莊社區。

來到太白莊,遊客們當然不能錯過「白米甕炮台」。過去這裡因地形險要,且擁有絕佳視野,成為日治時期防禦基隆外港海域的首要防線,後因應 1904 年的日俄戰爭,而興建白米甕砲台。1957 年,軍隊正式撤出,炮台轉型為觀光景點,並有在地文史團隊進駐,向人們分享歷史點滴,讓這裡解除過往軍事的肅殺氛圍,成為文史教育的開放空間。這裡視野良好,是欣賞基隆美景的絕佳秘境,同時也是許多影視作品的取景地。

同樣面臨人口外移與高齡化的問題,社區協會近年積極串聯資源,推廣「碼頭文化」,並創造獨特的青年壯遊路線,希望為這片社區帶來活力與新氣象。

碼頭苦力最溫暖的小山故鄉

走完前面三個地方,最靠近城市,且擁有遼闊海景的太平山城的「罾仔寮」也是必訪之處。經歷清代漁業、日本築港工程、70 年代擴港計畫,當時基隆港需要人力,因此吸引台灣各地的青年擔任碼頭工人,來此地打拼。他們紛紛沿著市區旁的山地地勢,興建出目前所見的太平山城聚落。

(左)罾仔寮的景觀有許多階梯,假日時遊客也會來此探索。(右上)位於罾仔寮基隆地標。(右下)從罾仔寮可以遠眺基隆港的景觀。

碼頭工作全盛時期，罾仔寮約莫有 20 間柑仔店。那時上下山只能走樓梯，山上沒有瓦斯開伙不便，小吃只能靠人力挑上山，因此大家都很期待攤販們的到來。除了小吃，其他物資也靠人力運送，例如藥品，藥商會定期提著藥箱上山，幫大家補齊藥品。但隨著基隆港的沒落，碼頭工人與移工紛紛外移，這裡的時光像是按下靜止鍵，只留下雜草叢生的舊屋、堆滿廢物的閒置空間，以及留在原處的老人家們。

有鑑於此，基隆市府推動地方創生政策，針對太平山城聚落，於 2021 年催生「太平青鳥」。前身為太平國小校舍，旁邊有「KEELUNG」大地標，是海景第一排美景的質感書店，基隆最美的地標，更是基隆人心之嚮往的文藝去處，這裡豐富的藏書、山城的記憶，迷人的風景，等你來一探究竟！

基隆西岸，從高遠新村、仙洞聚落、太白莊到太平山城，它們是航港人的故鄉，見證了基隆港的歷史，更呈現了多元文化的交融和變遷。有空來這些聚落走走，無論是遺留的歷史建築還是現代的文藝書店，它們都在以自己的方式訴說著那段時光的故事。⚓

作者・Sabrina

世居台北，一個熱愛閱讀與學習的公關行銷女子。個性動靜皆宜，認為事情可以條理化處理、計畫性進行。而人與人的關係，選擇先處理情緒再處理事情。因為愛情嫁來基隆，在此處生根築家。

參考資料

- 作者不明，2019 年，〈專題報導：留下老仙洞的記憶 基隆陳醫院計畫修復〉，《文化部私有老建築保存再生計畫》。網址：https://obs.moc.gov.tw/home/zh-tw/coverage/11082
- 林佳慧，2024 年，〈【投書】罾仔寮人物故事—「兩成行」柑仔店老闆娘〉，《公民行動影音紀錄資料庫》。網址：https://www.civilmedia.tw/archives/125444
- 基隆山海工作營，2020 年，〈基隆內港的根—罾仔寮〉，《看見罾仔寮｜山城巷弄走讀》網站。網址：https://2020taipingcommunity.blogspot.com/2020/12/blog-post.html
- 基隆市文化局，2006 年，〈高遠新村港務局局長官舍（築港出張所仙洞町官舍）〉，《國家文化資產網》。網址：https://nchdb.boch.gov.tw/assets/overview/historicalBuilding/20061207000005
- 劉彩雲，2024 年 1 月 13 日，〈台版聚寶盆竟在基隆太白莊 文史專家單彥博推薦一日雙塔行程〉，《台灣捷報》。網址：https://www.1658tw.com/?p=123597

Chapter.05

Food
in Keelung

飲食

提到基隆的飲食，你會想到什麼？

過去，基隆的碼頭工人經常從事繁重的體力工作，因此他們偏愛經濟實惠且能填飽肚子的食物。沙茶咖哩和基隆獨特的大燒賣就是他們的最愛，這些料理也成為了基隆的代表性美食。

另外，基隆的每家小吃店裡常見的醬料，也是基隆飲食的一大特色。像是馬露、紙包醋和香麻油，這些都是老饕們必備的提味神器。

不僅僅是食物本身，基隆的用餐地點也很有特色。比如說位於仙洞底下的仙洞小吃，還有貴美雜貨店，這些地方過去是基隆居民的日常飲食場所，現在則成為卡車司機們「上高速公路前的最後補給站」。

基隆的美食不僅僅集中在廟口，更多的是與港口文化密不可分的飲食風景。

仙洞小吃店的乾麵以及麵線，都是貨車司機最喜歡的小吃之一。

STREET FOOD
1

無招牌
最美味

航港人最愛的港邊小吃

撰文──西打藍

現在的碼頭工人要找專屬航港人的口味,都會去哪裡?以前基隆的西岸碼頭,和現在的光景截然不同。文獻歷史總會說這區熱鬧不已,甚至還有鐵軌,然而,當你現在走在西岸碼頭時,就只有冰冷的貨櫃碼頭和橋式起重機,那些曾聽說過的酒吧與攤販,幾乎不見蹤影。但如果仔細尋覓貨櫃場旁的攤販,裡頭一定還藏有一些美食!仙洞小吃與貴美雜貨店,這兩間開業超過六十年的店家,到底有什麼樣的魅力,讓在地居民與航港工作者們念念不忘?

麵線羹養活全家的仙洞小吃

仙洞小吃旁有個仙洞巖,是個天然的海蝕洞,常有許多信眾前來參拜。山洞內部就像一座地下迷宮,有許多分叉路口,最底部則有佛手奇景。「我是民國 77 年才嫁來這

裡，我公公是碼頭工人，一家人最早住在對面的港務局宿舍，而婆婆當時推著這台攤車在宿舍前面賣麵線羹，養活全家人。」正在顧攤的文英說。

早期，文英的婆婆還會推攤車到仙洞國小賣麵線給孩子吃：「當時一碗麵線只要3塊錢，你一定不知道，我們那時是用塑膠袋裝著吃，會把底部挖洞，很像吸果凍直接吃，不用湯匙。」文英比手畫腳說著。婆婆除了賣麵線羹外，還有賣些青菜，但她不訂價格，讓客人隨喜帶走，「基隆就是有這種溫度！」她開心地提起。

直到港務局拆遷宿舍後，婆婆才把攤位搬到現在仙洞巖前。她提起，當時有位住附近的大姐，把她車移走後讓小攤在此定居。「是佛祖保佑我們活下來」文英提起此事時，臉上滿是欣慰。仙洞小吃以前隔壁還有一間柑仔店，裡面除了賣飲料、雜貨，還有公車票。

上高速公路前的最後希望

「哈囉，要不要辣？油膏、甜醬可以嗎？好的，兩個綜合湯。」文英對著剛到來的客人大喊。 看著攤車上的菜單，除了麵線羹，還有燒賣、甜不辣、炒米粉、炒麵、五花肉湯、綜合湯等。如果你是很久沒來的老客人，可能會問：「怎麼菜色跟以前比，增加這麼多？」

文英沈思一會兒，啊的一聲想到了原因：「我是為司機們增加菜色，因為他們總是說『這是他們上高速公路的最後希望！』他們平常看到我是多麼開心。」西岸碼頭路上最多的不是小客車，而是載貨櫃的大型車。平時司機們一早就要排隊等待進櫃場，之後要上高速公路運貨。如果沒有在上公路前買好餐點，他們就只能去沿途的休息站買食物，所以文英成了他們遙遠工作路途的救贖。

她為了符合司機的口味，從二十幾年前開始陸續增加新的餐點。文英介紹司機最愛是燒賣，偶爾也會打包甜不辣與綜合湯，而且一定要裝在同個袋子中，才好邊開車邊享用。文英也說，為了司機的肚子，她願意五點就起床，六七點開業，「這麼早開業就是為了司機上公路前，可以先好好吃一頓。我跟司機們都有革命情感了，他們不是路人甲路人乙，都認識好幾十年。」文英手指向攤車上方：「像這個帆布，

仙洞小吃店的乾麵以及麵線，都是貨車司機最喜歡的小吃之一。

是附近的老客人送我的，說是工地用完特地幫我留下來的，不然這都要花錢買。」這個碗裡，盛了滿滿的人情故事。

人情味才是基隆小攤販的主菜

突然，有一位滿頭白髮的客人走了過來，文英朝他喊著：「大姐今天要吃什麼？」「隨便。」「我剩下米粉好不好？」大姐點了點頭。「你要什麼湯？」「散肉湯（五花肉湯）。」文英點完餐，從台語轉成國語默默說：「他是獨居老人，如果沒有在我這邊吃，晚餐就沒有著落了，只能吃泡麵。」大姐吃完餐後，就默默離開，文英也沒向他收錢。

仙洞小吃除了麵線羹和燒賣有名外，還有一樣人人稱道的「水煮

Chapter.05 飲食　139

蛋」，但已經許久沒賣了，文英解釋：「因為蛋缺貨，之前我們是跟身心障礙的蛋商買的，後來他沒賣，我們也就沒做了。」

文英，總是默默關心著眾人，做著不著痕跡的貼心事情。在客人眼中的他，不是老闆，更像是一位家裡會關心著大家的大姐，就像她幽幽的說：「近年婆婆身體比較不好，我就變成是自己擺攤，我感受到為什麼婆婆在這裡賣了六十幾年，不是為了賺多少錢，而是一個感覺。」

文英的人情味，也展現在開店日子的選擇。她閒聊到大年初一時，一定會開店，「因為那天仙洞的老人家一定會回來拜拜的日子。仙洞以前是非常大的村子，後來大家都搬走了，而我有看到一個趨勢是，年輕人會帶老人家回來拜拜。」文英提懷念舊往的仙洞風景。

味蕾是記憶基隆的硬碟

距離仙洞小吃不遠的貴美雜貨店，早期同樣是賣麵線羹，甚至還有賣挫冰，老闆說：「客人最喜歡到冰加沙士的吃法，說這樣很消暑。」而後麵線羹沒賣後，他們則以雜貨店經營為主業。

如果來過基隆，你會發現基隆每走幾步，就有一間麵店。這是為什麼呢？有一流傳的說法，是過往「以麵食代替米飯」。因為國民政府來台時、1950年韓戰爆發後，為了爭取外匯，所以鼓勵民眾用白米交換麵粉，並且讓較為高價的白米出口，成立了「麵麥食品推廣指導委員

（左上）貴美雜貨店的老照片。（左下）貴美雜貨店舊時搬貨的地方。（右）貴美雜貨店店主接受採訪。

會」，大力宣傳麵食的營養，才讓基隆大量出現麵食攤位。

基隆市區有一位阿伯，他總是推著攤車，沿路賣白糖粿，可以加麵茶，也能加太白粉。他過往會推車到西岸碼頭販賣，生意非常好，後來才轉戰市區。貴美雜貨店的老闆想起，小時候西岸碼頭還會有人推攤車賣醬菜，媽媽都早上去光顧，買回來配稀飯吃。「以前還有一台爆米香車，要自己帶米去給老闆爆，而老闆就只收一個工錢。」她提起。

從文英和貴美雜貨店老闆的口述回憶，我們可以拼湊起西岸碼頭的輪廓。西岸碼頭曾經的繁華雖然消失了，但熟悉的食物氣味，都還藏在許多貨櫃司機的味蕾裡，成為他們過往數十年來的生活記憶。如果哪天，你有來基隆仙洞巖拜拜，除了走訪地下迷宮，看那天然形成的佛手，也歡迎點兩份燒賣，一碗綜合湯，品嚐看看這份開業超過六十年，貨櫃司機們心中最暖心的食物。⚓

貴美雜貨店販售在地人及上山遊客喜愛的小麵包。

作者・西打藍

本名葉奕緯，基隆人。過去任職媒體業文字記者、網站前端工程師。於 2020 年成為自由工作者，協助客戶建立品牌網站、採訪寫作，曾代筆寫作兩本書。更多介紹請看：https://siddharam.com/。

參考資料

- 許峰源，2018 年，〈吃麵強身：國人飲食習慣的轉變〉，《檔案瑰寶》第 128 期，國家發展委員會檔案管理局。網址：https://www.archives.gov.tw/ALohas/DownloadLohas.ashx?c=1621

獨步全台的特色小吃基隆三腸（大腸圈、豬肝腸、蛋腸）。

STREET FOOD

②

吃飽再上工

基隆碼頭工人的美食地圖

撰文──林炫辰

台語有句話說「食飯皇帝大」，意思是強調吃飯的重要性，不容打擾，飲食就是如此常見卻慎重。基隆的碼頭工人們是重要的航港工作者，他們每日的工作耗費大量的體力，因此，在地的商家們為了照顧他們的五臟六腑，紛紛推出各式各樣飽足感強且價格划算的小吃。從常見的飯麵，到在地特有的豆干包與燒賣等，都是因港口而留下的美食。

基隆大燒賣祭拜碼頭工人飢餓的五臟廟

「靠山食山，靠海食海」，基隆擁有許多與魚漿相關的飲食。除了人稱基隆特色美食的吉古拉，以及相似於淡水阿給的豆干包外，還有一項與碼頭工人關係密切的魚漿類製品──燒賣。

說到燒賣，大多數的人應該會想到

Chapter.05 飲食　143

基隆在地燒賣每顆都如手掌大。深深獲得老饕的喜愛。

港式飲茶的燒賣，形狀偏小，適合一口食用，並且內餡以豬肉餡料為主。然而基隆的燒賣卻足足就有一般燒賣二倍大，接近一個人拳頭的大小，內餡更是獨樹一格，額外添入了魚漿，使味覺上增加了另種獨有的香氣。

此外，基隆燒賣的也有分乾和濕兩種吃法，也就是沾醬吃或泡湯吃。沾醬部分，基隆人偏好使用一種名為「馬露醬」的地方特色調味。該醬料以味噌為基底，甜甜辣辣，順口又解膩。泡湯吃則是在直接將燒賣煮湯，清甜的湯頭配上燒賣及芹菜末的點綴，不僅暖胃又飽足感十足。

基隆燒賣的特殊餡料，源自於地緣關係，但尺寸大小與眾不同，則有著幾種版本的緣由。其中之一，為始業於1940年（昭和十五年）年的地方老店「阿本燒賣」的說法。相傳第一代老闆阿本伯為了體恤碼頭工人的辛勞，所以研發出銅板價的好吃大燒賣，讓他們能溫飽肚子，有足夠的體力接續工作。或許也正是因為如此，基隆部分的飲食文化以「食粗飽」為目的有所關聯。

工人從三腸到五層豬腸的飲食文化

基隆的飲食文化除了與海相關外，也特別喜歡豬腸類的料理。許多介紹基隆美食的文章都提過，基隆有所謂的「三腸」，也就是大腸圈、豬肝腸、蛋腸。這三項基隆在地的特色小吃，皆選用豬腸作為主要食材，並添入各自不同的餡料。

然而，基隆其實還有另一項與豬腸有關的神秘美食，那就是位於西岸六號碼頭的五層豬腸。基隆港以市區為中心分為東西岸。西岸自日治

成立於 1940 年（昭和十五年）年的阿本燒賣，是基隆的小吃名店，也是過去碼頭工人喜愛的店家。

時期開始，即有許多的碼頭倉庫每日進出大量貨物，加上此地同時也是煤礦裝卸的集散地，因此密集的勞動人口，也慢慢發展出眷舍和工寮，以及屬於碼頭工人的生活圈及其文化。

西六號碼頭，位於基隆內港西岸與牛稠港間的轉角處，屬於市中心與碼頭作業區的中間點，早年人潮眾多，交通繁忙。「西六號碼頭麵店」最早以賣肉圓起家，開業至今已有五十多年。老闆娘堅持手工製作肉圓皮，並自製紅糟豆腐乳豬肉與筍絲內餡，最後再經過蒸煮與油炸，才完成每顆飽滿美味的肉圓。

肉圓販售時間從下午開始至隔日凌晨，不僅讓晚下班的碼頭工人有地方好好吃飯，也讓從馬祖回台的國軍弟兄可以解饞。第二代的老闆娘接下老店的同時，也選擇利用原本老店不營業的白天，經營起自己的麵店。由於營業時間從早到中午，所以吸引不少碼頭工人前來光顧。

基隆三腸，（上）大腸圈、（中）豬肝腸、（下）蛋腸是工人文化衍伸的小吃。

Chapter.05 飲食　145

店裡的五層豬腸，源自於傳統佳餚常見的豬腸圈。一般的豬腸圈都是三層至四層，而無至五層的厚度。二代老闆娘自行研發至五層，並選用黑毛豬腸，每日親手一層層慢慢塞好，之後再汆燙及冰鎮，才能製作出層次豐富又口感彈牙的豬腸。無論是肉圓，還是五層豬腸，製作過程都不容易，老店卻自秉持服務勞動人口的心，分為不同時段營業，以銅版價的美食滿足需求者的胃。

碼頭報飯館的古早味記憶

碼頭工人的飲食文化，隨著基隆的貨物吞吐量不如過往而漸淡出市面。

近年來，地方的不同團體與社區也紛紛投入研究或活化活動，讓碼頭工人的歷史文化得以有更多元的方式被認識。當中，又以位於基隆太白社區的「碼頭報飯館」最為特色。

這是一個社區結合地方團體，提出地方創生方案。他們改建老屋，重新販售早年碼頭工人的大碗公料理。由於舊時的基隆港口作業繁忙，碼頭工人為了節省用餐時間，都會於上班前至碼頭外的店家寫黑板「報飯」。

用餐時間一到，店家就會挑著扁擔或是騎三輪車來到碼頭，依照黑板

西岸六號碼頭的特色五層豬腸店，讓許多人流連忘返。

港西街臨近海港大樓、陽明文化館，過去貨運公司、報關行林立，路上多碼頭工人身影。

上回報人數，將白飯、配菜分裝至大碗公給碼頭工人享用。工人們時常會拿著碗公隨地而坐，蓄足體力再行上工。而店家同樣復刻舊有的傳統，只開放當日早上預定，並留有一個黑板寫上當天份數。大碗公料理也特別有所謂的「碼頭懷舊餐」，選用最好下飯的瓜子肉、地方海產小卷作為配菜，讓遊客能更真實地體驗過去的飲食文化。

飲食，也是一種閱讀。認識地方的歷史文化，除了透過書籍外，一場小旅行、吃一餐當地的料理也是種不錯的方式。基隆港繁榮的景象或許已不在，碼頭工人相關的產業也不如以往發達，但是人們依舊可以從在地的飲食文化中體認。基隆還有什麼美食與碼頭工人相關呢？有待更多人細細品味與發掘。⚓

參考資料

- 邱子玲、張懷慈、廖婕妤主持，2020 年 3 月 14 日，〈基隆 五層豬腸製作考驗功力！多層口感肥嫩 Q 彈無腥味老闆娘 30 年功夫料理好滋味〉，《旅行東西軍》。網址：https://www.youtube.com/watch?v=uo1DCruJn9c。
- 蔡曉君，2023 年 10 月 17 日，〈重現碼頭文化！獨具特色的社區產業「碼頭報飯」〉，《中嘉吉隆新聞》。網址：https://news.homeplus.net.tw/single/74831。

丸進辣椒醬、紙包醋,以及馬記香油,是許多基隆雜貨店都可以看到的「基隆招牌組合」,經常被擺在一起賣。

STREET FOOD 3

基隆
醬都行

探索在地經典醬料的美味故事

撰文──基隆嗨嗨總編輯／廖湘玲

航港人的口味是怎麼塑造的？如果問起這題，在地人就會拿起他們的「蘸醬」，他們的美食法寶。基隆這座海港城市，因為擁有獨特的地理位置和豐富的歷史文化，孕育出了許多經典的美食，其中最為人熟知的莫過於「基隆三寶」：馬露醬、幸福牌紙包醋和馬記香油。這三款醬料，不僅是基隆人日常餐桌上的必備品，更是外地遊子返鄉時必帶的伴手禮。尤其是吃道地海鮮，或者想念基隆家鄉味時，如果來個一口蘸料，必定會回味無窮。這些醬料到底在哪裡尋找？想認識海港味，又該怎麼使用呢？

馬露醬多種吃法與配搭奇趣

馬露醬怎麼吃？身為乾麵王國的基隆，基隆乾麵是獨樹一幟。除了基底豬油加醬油膏外，不少人也會淋

上一瓢馬露醬增添香氣。還有，基隆知名碳烤三明治，昇美早餐屋的蛋餅也是搭配馬露醬，甜鹹的口感搭配蛋餅滋味一絕。

另外，吃粿仔湯配的下水和大腸圈的佐料，也是用馬露醬，因為醬內有味增，所以當日式關東煮的蘸醬時，也意外迸出新滋味，因此有網友認為馬露醬的適口性佳，和萬物都好搭。

馬露醬的起源
基隆麵攤文化的辣椒醬創新者

第三代接班人許智華先前上輕鬆電台專訪表示，第一代創辦人許丕樟自小就在日本人開設的食品工廠工作，學習味噌、豆瓣、麵醬等醬料的製作工法，後來成立了「乾記行」。

許丕樟創業之初，即選擇以醬料起家。最初他製作味增醬，然後延伸到甜麵醬和豆瓣醬等。台灣光復後經濟起飛，當時基隆港的貨運進出口量龐大，甚至超越高雄港，成為全台最繁忙的國際港口。大量碼頭工人湧入基隆打理港口事務，他們辛勞工作之餘，最渴望的就是簡單便利的補給品，能夠快速填飽肚子。一時之間，大量麵攤店在基隆叢生，也因此塑造出這座城市獨特的「麵攤文化」。

乾記行看準了這波商機，無論是拌麵或配菜下水，總是需要一款佐

基隆醬料配方：（左）丸進辣椒醬配昇美早餐屋蛋餅；（中）馬記香油配乾麵；（右）幸福牌烏醋配肉羹湯。

醬，於是乾記行便運用家傳的味增醬作為底蘊，與發酵辣椒醬巧妙調配，研製出具有獨特風味的「丸進辣椒醬」。

馬露醬到基隆三寶
基隆人的思鄉回憶

為什麼這麼小小一款醬料有這麼多名稱呢？當初這款醬料的瓶身上只寫了一個「進」字，商標是紅色圓圈裡一個進字，圓圈的日文「丸」，發音就是「馬露」，因此這款醬料就被稱為「馬露進」，隨著時間推移，也有媒體簡稱為「馬露醬」，演變成今日「馬露進」、「馬露醬」以及「丸進辣椒醬」三種並行的叫法。

乾記行擅長發酵食品，正是以天然發酵的辣椒味噌為基底，調配而成這款獨特的辣椒醬。其成分單純，只有辣椒、味噌和砂糖三種天然材料，卻能交織出別有一番風味的雋永滋味。

老基隆人回憶過去「乾記行」還位於愛六路靠近信義國小舊址時，每每下課經過，總能聞到那股濃郁的味噌香氣，眼前一箱箱馬露醬，整齊地等待著出貨。當電風扇輕拂箱面，整間工廠充斥著發酵麴香，路過的行人都可以聞得到這份幸福的氣息。靠著食客們的愛好與推廣，大家也漸漸將這獨特滋味，傳遍台灣各地。

除了馬露醬之外，還有與它並列「基隆三寶」的「幸福牌紙包醋」和「馬記香油」。這三樣醬料雖然出自不同家公司，口味內容也大不相同，卻都同樣成為支撐基隆小吃攤大半江山的關鍵調味品。

後來，鄉民們將這個基隆麵店的營業祕密組合，稱為「基隆三寶」，獲得大量網友們的正面迴響，並隨著網路的宣傳，漸漸打開其名聲，成為基隆代表性的伴手禮，網路甚至流傳一次購齊三樣醬料的雜貨店地圖指南，可見基隆人對這些醬料的鍾愛。

紙包醋是羹湯的絕妙搭配

所謂紙包醋，其實就是烏醋，因為它的外包裝是以白紙包裹而得名。對於基隆人的味蕾而言，這一味可謂再熟悉不過。只要是基隆跟「羹湯」相關的攤販，無論是紅燒鰻魚羹、蝦仁羹，還是知名老店天一香滷肉飯的肉羹湯，桌上那一小瓶烏醋，必定就是出自這款「紙包醋」。

幸福牌的紙包醋屬於五香系列，是經過各式中藥香料熬製而成。其最大特色就是香氣濃郁勁道撲鼻，卻只有水、糖、鹽、冰醋酸和各式中藥材這些單純天然的材料。簡單一瓢加入，便能使整碗羹湯瞬間昇華，餘香無窮。

過去也有人疑惑為什麼紙包醋有幸福牌和王冠牌之分。循線查詢電話及店址，發現它們實際上都出自同一家製造商幸福食品行，只是因為不同的銷售通路，才分別使用了幸福牌和王冠牌兩種不同的品牌名稱，內容成分卻是完全相同的。

超過七十年的傳承麻油香

麵店三寶最後一項，則是已經在基隆經營超過七十年的馬記齊魯蔴油，是基隆正港的「隱藏版美食」。這家老字號的蔴油工廠源自 1948 年國共內戰時期。當時，曾任家鄉財稅局長的馬樂群，領著一群舊部為生計所苦，有位部屬家裡原從事蔴油生產，一群人便在基隆煉起了蔴油。馬家人回憶：「小時候吃飯時，一整桌十幾個人，都要叫爺爺。」

隨著時間推移，尋找更好出路的夥伴逐漸離開，最後只剩下馬家獨自經營蔴油生意。馬楊美愛在十多歲時嫁入馬家，跟隨公公學習傳統的水洗式蔴油技法。1962 年馬樂群過世後，馬楊美愛肩負起這個小生意，堅持依循傳統製法，將家傳的麻油香味代代相傳。

目前馬記蔴油由年輕一代接手，他們傳承老一輩的經驗和精神，希望把這樣獨特的麻油香味分享給更多人知道。基隆大街小巷的餐廳裡都能看見馬記蔴油的身影，像是知名店家兩利餛飩和阿芬炒牛肉等，都使用馬記蔴油來增添料理香氣。

基隆炭烤三明治的秘密武器劉家花生醬

除了馳名的「基隆三寶」之外，基隆還有其他令人印象深刻的美味醬料。例如隱藏在巷口內的「劉家花生醬」，以及每到夏季搭配冷筍而大受歡迎的「湯匙牌沙拉醬」，這兩種醬料在社群媒體上也常受到討論和推薦。

基隆的碳烤三明治之所以獨步風騷，秘訣就在於均勻塗抹了一層薄薄的花生醬，即使經過稀釋，仍然香氣逼人。其實，劉家花生醬原本和「基隆三寶」一樣，主要是供應

給餐館營業使用的醬料，但由於滋味實在太過誘人，吸引了越來越多饕客直接前往現場購買，才逐漸對外開放給一般消費者。

過去消費者可以自備玻璃罐前往裝填，但隨著衛生意識的提升，現在老闆都備有乾淨的玻璃罐現場出售，提供顧客購買使用。曾經購買過的人都對這款真材實料、無糖的濃稠花生醬留下深刻印象，甚至有人開玩笑說連塑膠湯匙都可能被濃稠的醬料咬斷。

歡迎嚐嚐基隆人的味覺符號！

另一款夏日經典則是「湯匙牌沙拉醬」，為不少基隆人的涼筍最佳拍檔。不同於一般市售的美乃滋，這款沙拉醬酸味較淡，甜味和蛋香味更加濃郁，口感獨樹一格，令人難忘。簡單的食材，經過巧妙的調理與發酵，交織出豐富多層次的滋味。看似平凡無奇的醬料，卻能為最樸素的食材帶來美妙的味覺變化。有人說，味覺的記憶就是「家」的味道，是那份心底的「家鄉味」，回想起這幾個老字號醬料，就能想到基隆人的成長歲月。

對基隆人而言，這些在地醬料不僅是調味的好幫手，更是生活中難以割捨的味覺印記。無論是馬露醬為麵食增添獨特風味、幸福紙包醋為羹湯添香，或是馬記蔴油為家常菜餚帶來清香，從巷弄深處飄來的濃郁劉家花生醬香，到盛夏時最讓人回味的湯匙牌沙拉醬，每一種獨特的味道都成為這座城市獨有的「味覺符號」。⚓

湯匙牌沙拉醬是許多基隆小吃店會採用的美乃滋，你可以在許多雜貨店找到它。

作者・廖湘玲

基隆海嗨總編輯，一個腦洞清奇的的資深小編，從小潛伏在各大社群及迷因社團，練就了一身幽默風趣的「梗」力，擁有敏銳的時事觀察力，喜歡將複雜的議題變得簡單有趣，帶大家一窺基隆的獨特魅力。「基隆海嗨」是一個超過20萬名基隆人都在追蹤的在地社群！不斷更新基隆最熱門的情報，用影像和文字記下這座城市的點滴。

Chapter.05 飲食

Chapter.06

娛樂

Entertainment
in Keelung

過去經濟繁榮時，基隆的白天與夜晚都顯得格外熱鬧。白天街上滿是各式商店，販售舶來品、日常用品，還有供人歇息的咖啡館。到了夜晚，酒吧、小吃攤與卡拉 OK 則接替白天的熱鬧場景，持續點燃基隆的活力。

除了這些休閒場所，許多老基隆人也積極參與音樂性社團。基隆作為台灣北管的重要聚集地之一，社團歷史悠久，甚至在早期影響築港進度，讓當時的殖民政府感到棘手。然而，這些社團也在社區中扮演著凝聚人心的重要角色。

談到集會場所，基隆人常提起「東岸廣場」。這個在日治時期原為水池的區域，經過數十年的變遷，從平面停車場、立體停車場，逐漸變為商業空間。它承載著基隆的歷史記憶，見證了這座城市的轉型與再生。

1961年暖暖靈義郡的演出盛況。圖片出處：國家文化記憶庫（公有領域）。

基隆大車拼

福祿西皮鬥起來！

撰文——唐墨

北管音樂於乾嘉年間隨漳州商人傳入台灣，並在各地發展。北管使用大鑼、鐃鈸、嗩吶等樂器，熱鬧喧騰、氣勢澎湃，舉凡迎神賽會、酬神演戲、婚喪喜慶等儀式活動，皆可聽得其聲響，是全台最風靡的流行音樂。北管後來分成西皮、福祿兩派，在基隆，西皮以得意堂為大宗，參加者多為生意人；福祿則以聚樂社為大宗，參加者多為挑工、漁工等碼頭工作的勞動階級。雙方擁護者，不僅在廟會節慶時進行音樂和戲曲的競賽，還常以武力械鬥一拼高低。基隆人後來如何處理這一難關，一起迎向文化與發展共榮的生活？

繼承北管傳統的台灣子弟窟

北管一詞向來有多種解釋。「北」是指相對的地理方位，研究北管音樂的曲牌與旋律，或是北管戲曲的

唱腔與故事內容，目前學界認為北管可能跟河南梆子，或是從山西、陝西傳入廣東的西秦戲有一定的淵源。命名為北管，主要是為了方便與流行於泉州地區，以絲竹為主的南管做出區別。至於「管」字，則和管樂器及定調的「管門」有關。

約莫在乾嘉年間，北管伴隨漳州商人傳入台灣，成為台灣本土傳統音樂，凡是漳州人聚集的地區例如基隆、宜蘭、新竹、彰化，都可以找到非常豐厚的北管歷史。「子弟」或「戇子弟」這個稱呼，僅限於業餘北管人專用，因為另有謀生門路，不靠北管吃穿，所以傳習北管不僅是義務，也是終生使命，業餘的子弟團是替祖師爺跟先賢們打工賣命，不必看請主臉色，所以比職業北管團更能堅守立場，秉持傳統，故而成為北管傳習的主力。也因為這樣，不同的子弟團之間若是感情和睦，互以師兄弟相稱，遇有不平之事，往往能義氣相挺；反之，即使是系出同源的子弟團，也可能因為某些細故或積年累月的恩怨，反目成仇，甚至刀兵相向。

從宜蘭出發！
福祿西皮的鬥爭逐漸擴散

相傳 1835 年（道光十五年），應羅東福蘭社首任社長，官拜二品的陳輝煌之邀，頂雙溪的北管樂師簡文

和平島社寮得義堂。

基隆后天宮的聚樂社演奏。

登（或名林文登）入蘭開設樂館。當時他提供兩種派別，任學生挑選，奠定了宜蘭北管新路跟古路的基礎。除了樂器不同外，古路的福祿派唱腔以「平板」、「流水」、「緊中慢」等板腔體為特色，而新路的西皮派唱腔則與京劇同源，皆是以「西皮」、「二黃」為主。按此說法，這兩派或都是師承於簡文登等北管樂師，惟時移日往，兩派之間的嫌隙漸漸增生。

光緒十九年，福祿派的擁戴陳輝煌，西皮派的則以舉人黃纘緒為首，兩派持續發生械鬥事件，後來更在宜蘭當地留下「西皮倚官，福祿逃入山」與「西皮濟不如福祿齊」等俗諺。這些北管械鬥原本都聚集在宜蘭溪南，特別是羅東地區，後來北管傳入基隆，也被捲進兩派械鬥的戰局，最遠甚至影響台北和桃園等地的北管軒社。

福祿西皮械鬥
拖慢帝國的建港進度

基隆的福祿西皮械鬥，從清代打到日治時代，雙方是以當時的旭川為界，設館於慶安宮的聚樂社是古路總部，供奉西秦王爺，因為鄰近崁仔頂港口漁市，社員多半都是漁工、挑工，以在碼頭工作的勞動藍領階級為主；而以奠濟宮為據點的得意堂則是新路中樞，以田都元帥為主神，成員都是住在這俗稱「基隆廟口」精華地段的生意人。雙方除了在廟會節慶時，以音樂、戲曲、旗牌裝備來進行拚場拚館，時不時也會用掃刀或棍棒等兵器進行武力械鬥，造成基隆治安很大的隱患。

日本首任總督樺山資紀，治臺之初就上書參謀總長彰仁親王，從海權戰略的角度，說明基隆築港的必要性，於 1899 年（明治三十二年）決定基隆港正式朝軍港、商港並行

以奠濟宮為據點的得意堂是新路中樞，以田都元帥為主神。

（上）1961年暖暖靈義郡高蹺隊參加百年慶踩街。
（下）聚樂社老照片。兩張照片出自：國家文化記憶庫（公有領域）。

殘，此之影響，令市為之萎靡，當局數次懇諭，屢為嚴飭。不問其首唱或附合，不論其縉紳或市俗，追究嚴辦，毫不假借。」結果不到三個月，雙方又再度發生衝突。

械鬥告段落 北管再出發！

北管械鬥讓政府頭疼，也讓仕紳疲於奔走，想方設法要化解兩邊的恩怨。1907年（明治四十年），基隆廳特別舉行參事會議，邀請地方仕紳參與，最後採軟硬兼施，先將兩派神像同迎入慶安宮供奉，後將兩派樂器與旗幟全部沒收，爾後籌建「台北州基隆郡基隆音樂會」，將各軒社進行分組，若有滋事打鬧，就追究該組組長。

的方式，展開第一期的築港計畫。然而，在這個最要緊的時刻，基隆人本來應該團結起來，為築港工程盡點心力，奈何福祿西皮兩派人馬積怨已深，時常藉故鬥毆，鬧得基隆街頭很不安寧，1902年（明治三十五年）發生一起重大械鬥，十數人遭到逮捕，基隆紳商蔡天培和顏雲年、張達源等人介入調停，基隆廳長山名金明不得不為此事論告：「西皮、福祿兩派瀰漫基隆，樹黨分類，動輒兄弟相鬩，骨肉相

從不同軒社的命名方式就可以區分敵我，例如福祿派皆以「社」為名，除了新樂社、慈雲社之外，基隆境內有許多名為「聚樂社」的軒社，由此可以辨識出這些聚樂社不僅同屬於福祿派，通常也是師出同門或資金來源相同的系統。西皮派則以「堂」為名，例如不同地區的得意堂，也是依靠相同師資或資源而成立，其他像儒霖堂、慶保堂、新義堂、協義堂等等，都是屬於西皮派的軒社。

另外常見的還有「軒」、「團」、「閣」、「園」等名稱，而基隆特色是相對中立的「郡」，其一是護國城隍廟駕前的基隆靈安郡（已併入聚樂社），其二則是原名興義軒，為了避免陷入福祿西皮械鬥，後來改名的暖暖靈義郡。歷史悠久的靈義郡創立於 1859 年（咸豐九年），專心傳承軒社技藝，先從中國重金禮聘名師，後又尋武館名師，指導武術、高蹺、獅陣，甚至研發出女子鼓笛隊，讓女生也可以參與陣頭活動。其中，人稱福先的陳福，以及鱸鰻先盧明，後來又被聚樂社聘為館先生，因為技藝高超，懂得改革創新，求教拜訪的軒社子弟絡繹不絕，蔚為一時，併入靈安郡聚樂社的聲望也因此水漲船高。

日本政府的分組制度後來漸漸發揮效果，基隆地方仕紳以「拚陣頭取代打破頭」的呼籲也收到成效。

城隍廟的聚樂社，是聚樂社一組。在城隍廟後殿二樓，設有聚樂社一組公廳（武英殿）及先賢堂，以及聚樂社都會祭拜的西奉干爺。

希望再次拼回百年風華的基隆北管

北管西皮、福祿的鬥爭，長達百年。日治末期因皇民化運動，台灣傳統戲曲遭壓制，戰後又因文化政策轉變，傳統戲曲日漸式微，北管文化日漸沒落，社員老去凋零，倒社閉館者眾。為了不讓北管消失，各軒社不得不新舊路兼學，不再以樂種派別來區分群我彼此，繼續傳承當年為祖師爺奉獻的子弟精神。

參考資料

- 《i86269 的部落格》。網址：https://i86269.pixnet.net/
- 王志仁，2014 年，《許梓桑與基隆地方社會》，基隆博物館。
- 江月照，2001 年，《北管戲曲神洞唱腔研究》，國立師範大學音樂研究所碩士論文。
- 李婧慧，2012 年，《根與路：台灣北管與日本清樂的比較研究》，遠流出版社。
- 徐亞湘，1993 年，《台灣地區戲神─田都元帥與西秦王爺研究》，文化大學藝術研究所。
- 基隆市政府，2001 年，《基隆市志 卷二 住民志禮俗篇》，基隆市政府。
- 基隆市台灣頭文化協會，2011 年，《基隆港、市與相關行業百年發展的歷程》，基隆市台灣頭文化協會。
- 曾永義，2013 年，〈試探台灣「北管音樂」與「亂彈戲」的來龍去脈〉，《中國小說與戲曲國際學術研討會論文集》，里仁書局，頁 1-36。

卡拉 OK 室內風景，有經典懷舊的旋轉七彩霓虹燈。

ENTERTAINMENT 2

下船後的溫柔夜色

卡拉 OK 的陪伴與風華

撰文──西打藍

銀河、港都之星、天天開心⋯⋯走在基隆街頭,你一定很常看見這些繽紛招牌,他們是基隆曾經紅極一時的娛樂場所,卡啦 OK（Karaoke）店。遍佈基隆市區大街小巷的卡拉 OK,和錢櫃、好樂迪這類唱歌場所,有何不同？

航港興起後的娛樂產業

卡拉 OK 又稱阿公店、小吃店、俱樂部等,一般會提供熱炒與酒水。不同於年輕人愛去的 KTV,基隆的卡拉 OK 有小姐陪喝酒、伴唱、聊天,且大部分是開放式空間,舞台中央有麥克風設備。

這個產業的興起,當然跟基隆港密切相關。基隆港在 1980 年代興盛的時侯,曾是全球第七大貨櫃港,貨船 24 小時頻繁進出,碼頭工人多在港口附近侯工,因此衍生出許

在「天天開心」裡，顧客會演唱他們擅長的歌曲，底下其他桌的聽眾也會一起鼓掌。

多阿姨陪伴的小吃店、茶仔店。而在繁華落盡後，產業也慢慢有所變化。今天基隆的卡啦 OK，與一般人想像中台中金錢豹或台北林森北路豪華酒家不同，無論是桌上的餐飲，或是往來的客人，都有種老派日常家居生活的調性，或者說，很基隆。

神秘的卡拉 OK 成年人的寄託

1971 年，日本人井上大佑發明了最早的卡拉 OK 機，他原先是樂團鼓手，但事業不隊順遂，回到老家港口城市神戶，在酒吧伴奏打工。有客人請他幫忙錄幾首伴奏供私下練習。他察覺這個市場需求後，找電器行的朋友，設計一個機器，將音箱、喇叭、麥克風、投幣裝置整合在一起。早期每盤磁帶包含 4 首歌曲，10 盤共 40 首，以租賃的方式將機器安裝在酒吧等場所，廣受歡迎，並在 1980 年代傳入了台灣。

「你站上台唱歌，台下的客人、小姐會聽你唱，唱得好會為你鼓掌。」曾經在基隆開過三間卡拉 OK 的霞姐這樣說。她同時也回憶，卡拉 OK 的前身是冰果室，大家會在裡面聊天與交流。因為從業許久且熱心助人，霞姐也任職相關協會，據估計過去基隆有五六百間小型卡拉 OK 和包廂式的 KTV，而今僅剩兩百多間，「以前的消遣娛樂沒現在那麼多，所以很多人工作下班後，都會來這裡唱唱歌、和朋友喝個酒開心一下。」霞姐分享。

卡拉 OK 工作者的手腕與訣竅

為了更深刻感受卡拉 OK 的魅力，霞姐詳細分享營運模式，以及客戶

入場消費的真實體驗。她的店位於基隆火車站前的忠二路，鄰近知名熱炒店「三姐妹」。因此，附近總是相當熱鬧，有三兩成群的朋友在騎樓前喝酒，配些下酒菜聊天。而他們多半也是霞姐的客群，可能吃完飯後，就會進店唱歌。過往經濟繁榮時，也不乏許多航港人會來這樣的店面光顧。

霞姐開設的卡拉 OK，位於地下室一樓。當你走在樓梯間，就會聽到裡面正唱著各式台語歌如「傷心酒店」、「舊情綿綿」。進門後，首先會看到櫃檯，當小姐看到有客人入場，就會連忙跑來招呼，並快速觀察你是不是熟客。接著，你會看到比一般 KTV 更大的空間，有許多沙發座位可以選，你與鄰座之間距離極近。由於音樂聲大，大家講話聲音也會跟著提高，因此，你很容易就會聽見隔壁在聊什麼。

傳統卡拉 OK 店的點歌方式相當老派，也蘊含著人情味。每張桌子上會備有紙、筆，你有想點的歌曲，只需要寫在紙條上，就會有小姐來收，幫你點歌。而當客人較多時，小姐還會平均安排唱歌時間，讓每位點歌的客人，都不會等太久。

「我從民國 90 年就開了第一間店『碧海藍天』，在五樓，這棟都是做 KTV，其他行業都不適合來開，曾

（左上、下）知名熱炒店「三姐妹」是許多唱歌顧客續攤的地方。（右）車站附近充滿著卡啦 OK 店。

Chapter.06 娛樂　165

經有報關行、補習班,後來都移走了。」霞姐有做過全包廂式的店,有些店家則有綜合型。當你坐上沙發沒多久,就有小姐為你倒水,也邀請你點菜、點歌,以及詢問你要叫幾位小姐陪伴唱。「小姐沒有底薪,都是收小費,客人可能會給兩三百元,有時小姐一天賺幾千,去年還有一天賺幾萬都有,要看你的『手腕』。」霞姐接著分享當小姐拿到小費的秘訣。

特別的是,霞姐的店有分早場與晚場,霞姐是做早場十二點到七點,晚場則另有經營者開到半夜。早場公檯小姐一位是三百元,晚場則是四百元。而六日是生意最好的時候,白天客人則年輕一些,大約落在 40 歲左右,是許多基隆市男子的消遣場所。

玲瓏滿目的街道
搭上五花八門的客人

「會來的客人都是喜歡喝酒、會唱歌。但大部分客人在家不喝酒,來外面喝,酒要伴才會喝啊!你去三姐妹看都是兩三個人在喝,沒有落單的。而我們這裡很經濟實惠,五個男生坐一下午,一人大概五六百而已。」有多年開店經驗的霞姐,很清楚店內客群的輪廓。包括附近

基隆有一些整棟都是卡啦 OK 的大樓,概念類似卡啦 OK 購物商場。圖為忠二路上的海地大樓。

航港產業的工作者，像是鄰近的港務局、鐵路局、船務、報關行或公務人員，都是這裡的客群。

小姐在這裡工作看起來輕鬆，但也要應對形形色色的客人，有時也要「call 客」，打電話讓客人來喝酒聊天。「我們也遇過客人不買單的，有可能是錢準備不夠，沒辦法付一整桌，如果是熟客就勉強給簽帳，但不熟就不會。如果堅持不付錢，我們就會叫忠二派出所的員警來處理。」霞姐分享曾發生的事。

「還遇過客人爭執要打架的，或是有『兄弟』在烙狠話，我都說有監視器，有事就會請警察處理，他們就不會吵了。」從霞姐分享中，可以看出這份職業的不易。

若你經常來卡拉 OK，你還會看見除了小姐以外的工作人員和小販。

此起彼落的人情味
走過基隆的經濟起落

看似人情味充滿的卡拉 OK，事實上也走過基隆曾經的繁華及熱鬧。「生意最好的時期，是碼頭從公營轉民營時，碼頭工人有一大筆退休金，那時客人比店家多很多，人太多時

地板刻字呈現基隆豐富的夜生活。

還會一起併桌。」但自從基隆港衰退後，原本的小吃店文化也跟著沒落，但許多阿姨和碼頭工人仍由於過去長期的陪伴，而維持著朋友關係；而由於收費低廉，卡拉 OK 也成了地方退休大哥大姐人士聚會打發時間的地方休閒去處。

霞姐話鋒一轉：「但現在年輕人都去有包廂的好樂迪，比較少來這，加上少子化影響，出來做小姐的也不多，造成就業市場斷層。」

霞姐早在幾年前就已經退休，開店對她而言只是消遣。「店家除了賺錢，還可以交朋友」霞姐也說現在只需上半天班，卡拉 OK 也是歡樂場，客人開心，她也開心。雖然卡拉 OK 在基隆的風華不再，但仍有許多店家仍在經營著。如果你想體驗不同的娛樂，可以在街頭尋找亮麗招牌，大膽走進去，體驗不一樣的繁華基隆。⚓

Chapter.06 娛樂

二戰末期美軍繪製的基隆市地圖，圖中可見今東岸商場處仍是一片水域（紅框處）。圖片出處：美國德州大學
(Courtesy of the University of Texas Libraries, The University of Texas at Austin.)

ENTERTAINMENT 2

基隆東岸商場考

從貯木池、停車場到商場的東岸簡史

撰文——楊凱傑

當遊客從基隆火車站出來，眼前即為一片海港風情，由西岸的國門廣場沿著海洋廣場向東走，映入旅客眼簾就是一座地上四層、地下四層的公共建築，佔據市區的黃金地段，並以宏偉、亮眼的純白量體吸引著遊人的眼球。這座建築即是近年備受矚目的東岸商場，2019 年獲台灣建築獎首獎，由原先陰暗不開放的城市黑暗死角，改造為人來人往的商業與休憩空間，被視為基隆空間翻轉具代表性的成功案例。

然而，繁華的背後，這座商場卻有著曲折的身世背景，與台灣歷史及航運緊密相關。這座商場如何由先的貯木池，轉為停車場，再改造為現代化商場，歷經水運與市鎮發展，成為現在基隆港城的地標？

一、貯木池時期：
經濟水域與傷心碼頭

東岸商場的所在地最早可追溯到清朝同治年間的田寮河流域。當時，田寮河沿岸林立著田園和寮舍之景觀，故而得名。到了清末和日治初期，田寮河成為重要的經濟水道，主要用來運送上游飄下來的木材和煤礦到下游的港口。而今天商場的位置，昔日便是用來存在木材的貯木池。

1947 年初，全台爆發二二八事件，基隆亦捲入其中。事件期間，當時的台灣省行政長官公署向中央請兵來台鎮壓抗爭人士，並於基隆港登入，進行掃蕩，許多民眾被押解到貯木池後遭射殺。這段歷史後來也影響了東岸停車場的天台廣場，令其名為「和平廣場」，茲以紀念這段歷史。

二、平面停車場期：
兵家必爭之政經地

戰後初期，基隆東岸開始進行填海造陸工程，將原本的貯木池填為陸地。根據 1966 年與 1969 年的衛星影像資料，可以發現此地從水域轉變成陸地。這片海浦新生地起初便

東岸商場變化圖。從上到下，分別是日本時代的貯木池，國民政府來台後填海造陸後所建成的1970 年代停車場，2000 年之後的立體停車場，以及近期的東岸商場。

是作為停車場使用，由當時台灣省港務局提供給貨運業者停靠用。後來的三十年裡，停車場大抵維持著平面與露天的型態。

1970年代，隨著私家車輛的增加，基隆市的停車問題日益嚴重，市府開始積極籌建停車場。為此，市府曾找上港務局，有意取得這片停車場的使用權，並將它改建成立體停車場。然而，由於市府、市議會與港務局之間多次因地補償價格、改建方案不一、另覓替代方案等問題發生爭議，使得停車場的建設過程一再延宕。不過，改建停滯的這段期間，民間租用停車場辦活動的情形則顯得熱絡，像是在此舉辦中元普渡、選舉造勢等活動。直到1999年，市府與港務局達成共識，取得東岸的土地，準備建造起立體停車場。

三、立體停車場期：
名為和平的競技場

新一代的東岸停車場於2000年動工，並在2003年竣工。負責設計這座停車場的蕭家福建築師事務所，將停車場規劃為地下四層、地上一層之立體停車場。其中，地面層的建物特別設計成郵輪的造型，呼應著基隆的港都意象；而頂樓的露天廣場，則作廣場使用，並命名為「和平廣場」。後來經民間團體的倡議，又於2007年，更名為「二二八和平廣場」，明確揭示所要紀念之對象。

雖然天台層的和平廣場因二二八事件得名，但是當時市民反映，停車場管理不彰，燈光昏暗且無門禁管制，以及鄰近二信公車循環站（全市公車都會經過這裡）。於是，每到深夜，和平廣場總會吸引到全市的不良少年與幫派，特意選在此處進行談判或鬥毆。另外，由於廣場的位置較四周高樓的天際線來得低，形如下沉的競技場空間，並可供人由外向內窺看場內的一切，因此又被當地人戲稱為「空中競技場」。

饒富趣味的一點，停車場的對面另有一棟同樣治安欠佳的場所，名為「吉祥大樓」，據聞長年有幫派出入、流連，事故頻傳。由於實際情形「名不符實」，於是當地甚至流傳了「和平廣場不和平，吉祥大樓不吉祥」順口溜。到後來，兩個名稱還成為基隆人用以辨別本地人與外地人的方式。

四、東岸商場時期：
市民的商場與地標

隨著設施的老舊，基隆市府於 2015 年以促進民間參與公共建設之名義，展開「東岸停車場改造計畫」。新一代的商場除了保留地下層的停車空間，特別將地上層量體翻修為現代化的複合商場。尤其在原有的天台層上，還新增了一層樓，特別設置到餐廳與休憩露台，以及全台首創的空中跑道，迄今成為許多基隆市民運動、休閒和拍照、打卡的「朝聖」景點。

儘管商場在營運初期，因適逢春節，湧入大量人潮，導致四樓的空中跑道因踩踏而嚴重毀損；以及，遭到景觀方面的質疑，認為外觀醜陋如鐵皮屋。不過經過後續的調整與強化後，商場逐漸步上軌道，甚至榮獲數座公共建築獎項。整體而言，新的商場強化門禁與環境的管理、提升照明等措施，從而有別於過去陰暗髒亂、治安不佳的形象，受到市民肯定與被納入市政的重要政績之中。像是有的市民許多年回到基隆，驚喜於停車場的改頭換面，與有榮焉。使用群體方面，也較以往多了親子、觀光客等族群，成為今基隆重要的城市地標之一。⚓

東岸商場目前是基隆居民假日很常光顧的地點。

作者・楊凱傑

台北萬華人，現為台大建築與城鄉研究所博士生。研究興趣通泛，遍及都市計畫、環境心理學、文化地理學、客家族群文化等領域，並著有〈方塘鑑開：大學校湖水景的政治與文化〉、〈交大竹湖考〉等期刊、專欄類文章。

東岸商場靠近港邊與市區。從高樓望去可以看見繁華的夜市區，以及港口景象。

參考資料

- 《中央通訊社》，2000 年 3 月 10 日，〈基隆東岸停車場開發設計由蕭家福建築師獲選〉。
- 《中國時報》，1995 年 3 月 29 日，〈東岸停車場，找到經營者：隆通汽車公司得標，四月中起整地，將告別夜間免費停放時代〉，版 13。
- 《自由時報》，2016 年 11 月 7 日，〈基隆東岸停車場改建，議員質疑適法性〉，網址：https://news.ltn.com.tw/news/life/breakingnews/1879545。
- 《自由時報》，2018 年 4 月 28 日，〈基隆東岸商場停車場飄屎味，遊客怨聲四起〉，網址：https://news.ltn.com.tw/news/Keelung/breakingnews/2409680。
- 《經濟日報》，1969 年 7 月 13 日，〈基隆港新闢收費停車場〉，版 6。
- 《經濟日報》，1989 年 12 月 7 日，〈基隆港市發展平地起風波：港務局停車場地價陡降平添變數〉，版 17。
- 《聯合報》，1990 年 2 月 2 日，〈樓加高、售價又不減：基市東岸興建停車場計畫將有重大改變，闢建多用途高樓，市長同意〉，版 20。
- 《聯合報》，2003 年 3 月 1 日，〈二二八家屬促東岸停車場更名，還原歷史現場，要求改為「二二八和平廣場」：追悼會上頭綁黃布條宣讀抗議書，揚言發動另一波抗爭〉，版 17。
- Neil、邱榆，2021 年 6 月 13 日，〈Ep.09 #滴滴答答－「天空競技場」、「吉七」在哪裡？基隆傳奇空間有混過才知道！〉，《雨都漫播》。網址：https://podcasts.apple.com/us/podcast/ep-09-滴滴答答-天空競技場-吉七-在哪裡-基隆傳奇空間有混過才知道/id1544897518?i=1000525259701。
- 基隆市議會，〈「第 18 屆第 7 次定期會暨 19-21 次臨時會」會議紀錄〉，網址：https://www.kmc.gov.tw/index.php/ac/pe/266-18th7-19-21。
- 楊凱傑，2022 年，《天際本事：天台的地方與空間探索》，國立臺灣大學建築與城鄉所碩士論文。
- 楊碧川，2017 年 2 月 22 日，〈基隆的 228 故事：他們被鐵線穿掌、丟下基隆港〉，《報導者》。網址：https://www.twreporter.org/a/photos-228-keelung。
- 台灣百年歷史地圖。網址：http://gissrv4.sinica.edu.tw/gis/twhgis/。
- 魏詮恩，2018 年，《基隆都市更新計畫之探討》，國立臺灣海洋大學河海工程學系碩士論文。

Chapter.07

舒淇在侯孝賢導演的《千禧曼波》裡,在中山陸橋漫步吸菸,一個回眸乍是萬種風情。
圖片提供:三三電影製作有限公司。

Culture
in Keelung

文化

大眾文化往往構建了記憶的基礎。基隆山海相伴，高低錯落的地形，加以港口巨型船舶機器的景觀，在視覺上令人印象深刻。無論是好萊塢或台灣本土電影，都有許多經典鏡頭留在記憶中。

說到流行歌，一般人最印象深刻的莫過由呂傳梓作詞、楊三郎作曲的〈港都夜雨〉。而受日本日本演歌傳統影響的作詞家葉俊麟，也寫下包括〈行船的人〉、〈船去情也斷〉、〈船上的男兒〉等描述港都的歌曲，呈現漂泊、船舶、海風、別離的共同意象。

在廣播方面，基隆是日本時代台灣最早接收廣播的城市，開啟了台灣人接觸廣播的體驗。二戰後，在地電台益世與震華則引領了近代廣播的新格局，捧紅了許多本土明星，至今仍讓老基隆人津津樂道。

這些大眾媒介與文化共同建構了我們對基隆的印象，而海港始終是其中重要元素。

電影《那個我最親愛的陌生人》取景於基隆八斗子山邊。劇照提供：張作驥電影工作室。

CULTURE 1

電影裡的基隆

跟著基隆港口景色去旅行

撰文──島國拾影

「電影旅行」是一種特別的旅遊方式，即是影迷朝聖電影場景，捕捉及重現拍攝地現況，藉此向經典致敬。有些影迷熱愛這種捕捉光陰的快感，當用相機按下快門，找到與電影畫面的共通點時，會有特別的成就感。基隆倚山傍海、多雨潮濕，形成高低錯落的城市景觀，加上海港旁的大船、起重機，視覺上極具辨識性，常被影視作品取景，甚至會有外國團隊前來拍攝。時光膠卷裡的基隆，有著諸多風貌，有時被借擬為同是海港城市的上海、香港，也時則以基隆港直扣歷史場景，又或是極具地方生活感的天橋、住商大樓、夜市等。倘若將不同影片場景的基隆串接在一起，蒙太奇的時空交疊下，卻能感受到這座海港城市潛流的的歷史脈絡及生活肌理。

電影《聖保羅炮艇》電影畫面模擬插畫。此電影於基隆拍攝，圖中建築為港邊著名的林開郡洋樓。

1966 年的電影《聖保羅炮艇》在基隆拍攝。圖片提供：中央社。

178　望基隆：船行年代的港城舊事

好萊塢電影裡的神秘基隆

2015 年,馬丁・史柯西斯率領《沈默》(Silence)團隊來台拍攝外景,轟動一時。事實上,早在 1960 年代,台灣就在好萊塢大銀幕亮相了,那就是《聖保羅炮艇》(The Sand Pebbles,1966)。這部描寫 1920 年代美國海軍炮艇航行中國內陸的歷史大戲,由《真善美》名導勞勃・懷斯執導、史提夫・麥昆領銜主演。該片於北台灣各地出外景數月,基隆同樣沒有缺席。電影第一顆建立鏡頭,正是俯瞰基隆內港小艇碼頭一帶。

在美術指導鮑里斯・利文操刀下,劇組將今日國門廣場打造成上海外灘,拍攝現場佈滿復古的人力車、路牌、霓虹燈廣告等陳設,搭配背景中出現的基隆港合同廳舍(今海港大樓)、日本郵船株式會社基隆支店(今陽明海洋文化藝術館)等地標建物,舢舨停泊岸邊,瀰漫舊時代氣息的十里洋場彷彿被召喚了回來。

另一幕場面,史提夫・麥昆身後出現了林開郡洋樓。這幢由礦業大亨林開郡斥資興建的塔樓宅邸,1931年(昭和六年)竣工,曾是基隆港最顯眼的美麗建築。但後來繁華落盡、荒廢多年,且遭東岸高架道路

現今的海港大樓、陽明海洋文化藝術館與周遭的景色都是《聖保羅炮艇》中的場景。

Chapter.07 文化 179

包夾，人們以訛傳訛，「基隆鬼屋」之名不脛而走。直到 2022 年基隆城市博覽會修繕亮相，人們才重新注意到它的身影。

林開郡洋樓還現蹤於另一部好萊塢製作裡——由導演 J・李・湯普森執導的諜報片《主席》（The Chairman，1969）。拍攝當下，時值中國文化大革命過去三年，片商打鐵趁熱推出本片，試圖揭開毛澤東的神秘面紗，影片副標題 The Most Dangerous Man in the World，吊足觀眾好奇心。當年劇組遠赴亞洲，由於美國影人難以進入中國取景，參與過《聖保羅炮艇》協拍經驗的台灣雀屏中選。

林開郡洋樓、仁愛市場前是電影《主席》中的取景地點。

電影《主席》模擬畫面。電影男主角葛雷哥萊・畢克搭機曾於現今愛一路與仁四路口，即今日崁仔頂漁市旁的仁愛市場前拍攝畫面。

180　望基隆：船行年代的港城舊事

侯孝賢著名的《悲情城市》在基隆拍攝。其中經典畫面是角色們在白米甕砲台留影。圖中人物為模擬電影畫面，場景為現今的白米甕砲台。

《聖保羅炮艇》將基隆比擬上海，《主席》則比做香港。配合劇情所需，主角葛雷哥萊·畢克搭機入境中國前，先滯留香港鬧區一陣，於人潮洶湧的菜市場穿梭。該幕開場為俯瞰旭川河全貌，遠方便可看見林開郡洋樓；運鏡最終停留在愛一路與仁四路口，即今日崁仔頂漁市旁的仁愛市場前。

1970年代末期，因應市區人口增加，市府與河爭地、把整條旭川河加蓋，依序興建明德、親民、至善三棟住商混合樓寓。旭川河目前仍隱身這三座老商場底下，因此能在《主席》看見運河的早年影像，可以說是彌足珍貴的研究資料了。

好萊塢製作來台灣不僅宣傳了寶島美景，亦開拓本土專業影人的視野。遺憾的是這兩部影片分別因不同政治原因遭禁演多年。如今我們已能透過修復後的鮮明影像，回憶當時好萊塢在基隆打造的東方情調。

基隆港是戰後台灣歷史的縮影

侯孝賢獲得威尼斯金獅獎的名作《悲情城市》（1989），故事背景也與基隆息息相關。最早該片設定為一部會啟用周潤發、楊麗花等卡司，希望由香港嘉禾投資的商業片計畫。劇情以台灣光復的1945年左右為時間點，周潤發從香港來台身負密務，查訪不明被吞的走私貨，進而與酒家大姐頭阿雪發展出微妙關係。但隨角色小傳發展擴充，編導團隊逐對阿雪「上一代」的家族興

衰產生興趣，原始構想自動消失。

儘管《悲情城市》造福了九份的觀光熱，《悲情城市》還是有在基隆拍攝的場景，尤其集中基隆港西岸。仙洞聚落作為賭場入口外觀，白米甕炮台則是文清（梁朝偉 飾）幫寬榮兄妹拍照的景點，背景裡的基隆嶼是最好辨認的地景了。

《悲情城市》有段情節，日籍的小川校長父女即將從基隆搭船返回日本。1945 年 8 月，日本宣布無條件投降，基隆港是遣返日僑、迎接國民政府接收台灣的主要口岸之一，多少離情依依的真實情景發生於此。五十多年後，王童執導的《紅柿子》（1996）裡，基隆港新岸壁佈置成上海港碼頭，重現國共內戰末期、大批軍民攜家帶眷搭船逃難的場面。同一處歷史現場，不同時空背景之下，有著不一樣的詮釋。

近期電影導演著迷的基隆氣息

張作驥可謂展現基隆海港風情及日常況味的代表電影人，我們可以從《黑暗之光》（1999）裡窺知一二。精選片中橋段，會發現都是值得旅人探訪的基隆散步路線。陽光燦爛的日子，李康宜帶領盲人按摩師們出門吃麵，先和明德大樓「盧嬰樂器社」的阿伯們打招呼，肩搭著肩走過理應有黑鳶盤旋的內港，踏上後來在《千禧曼波》（2001）大放異彩的中山陸橋，聽聞火車哐噹、哐噹駛過橋下……。

夜裡康宜與阿平（范植偉 飾）第一次約會，兩人去廟口夜市大啖小吃，然後到獅子會捐贈的中央獅子橋盡頭，眺望視野開闊的內港夜景。我曾因為這部電影特地來這座天橋朝聖，可惜天橋已在 2011 年拆除了。

片中刑警喬事的空間在漁會正濱大樓拍攝，這幢 1935 年（昭和十年）落成的優美回字型建築，前身為八尺門漁業發展的行政中心「水產館」。除了《黑暗之光》，《蝴蝶》（2007）也選此取景。2019 年的《那個我最親愛的陌生人》，張作驥重返基隆，將八斗子山城景致，以及橫跨西定河的大德橋和牛仔街介紹給影迷，讓更多人認識基隆秘境般的另一面。

不只張作驥，鄭有傑的《親愛的房客》（2020）取景於旭岡山腰的金蓬萊社區，大船入港的景象，成為書寫氛圍與情緒的一環；懸疑驚悚類型

多部電影都在基隆取景，分別是，（左上）《千禧曼波》中山陸橋；（右上）《黑暗之光》正濱漁會大樓；（左下）《那個我最親愛的陌生人》大德橋；（右下）《親愛的房客》金蓬萊社區。

的《緝魂》（2021），把仙洞巖佛手洞打造成秘密實驗室，平時是宗教聖地的場域，竟染上層科幻色彩。

近十年間，基隆越來越受國際影人關注。例如根據拉法葉軍購弊案改編的法國電影《解密風暴》（2014）、南韓電影《北風》（2018），以及入選坎城影展一種注目單元的《金錢男孩》（2021），紛紛呈現基隆獨樹一幟的人文面貌。相信未來會有更多來自世界各地的電影朝聖者，前來基隆追地景，進而迷上基隆。⚓

作者・島國拾影

部落客，熱愛跟著影像去旅行。經營部落格及 Facebook 粉絲專頁「島國拾影 Island Tapestry」，持續與喜愛踏查電影地景的朋友分享、交流。文章散見於《Fa 電影欣賞》、《放映週報》、《in影視聽生活誌》。

參考資料

- 朱天文，2008 年，〈《悲情城市》十三問〉，《最好的時光》，印刻出版，頁 340-360。

作曲者服部良一，其作品〈雨的布魯斯〉後來被翻唱為國語歌〈寒雨曲〉，更大大影響了台灣作曲者楊三郎的創作。

CULTURE 2

基隆歌詞 傳唱世人

流行歌裡頭的基隆風景

撰文——唐墨

「今日又是風雨微微／異鄉的都市／路燈青青／照著水滴／引阮心悲意／青春男兒不知自己／要行叨位去／啊／漂流萬里／港都夜雨寂寞暝」提到關於基隆的流行歌，大眾通常都會想到這首〈港都夜雨〉，歌詞呈現雨、海的港都意象，船員漂流萬里的孤獨心境，引人感傷。而除了〈港都夜雨〉外，還有哪些流行歌曲，打造了大家記憶中的基隆呢？

港都夜雨的布魯斯

〈港都夜雨〉發表於 1958 年，雖是臺語本土創作，但源起卻與二戰後全球冷戰格局相關。戰後美國與台灣簽訂《中美共同防禦條約》，從此資本主義和美式娛樂文化，便隨著數千名美國大兵上岸登陸台灣。

1950 年代，位於基隆信二路的美軍俱樂部，又稱國際聯誼社，是許

（左）過去美軍在台時，於基隆港有許多俱樂部據點。圖中哥倫布酒吧設立於 1990 年代，是目前基隆最資深的美式酒吧。（右）門司港北九州市舊大阪商船。大阪商船的船隻航行於基隆與門司港之間，許多創作者寫出關於海港景色與海港工作的歌曲。圖片出處：維基百科（創作者663highland，CC BY-SA 4.0）。

多美國大兵放鬆休閒的地方，一放假，他們就聚在這裡聽音樂、跳舞、喝酒聊天，擔任聯誼社樂師的楊三郎先譜出了〈港都夜雨〉的旋律，暫時定名為〈雨的 Blues〉，以小喇叭演奏，深受美軍歡迎，後來才由呂傳梓填上今日我們所熟知的歌詞。

〈雨的 Blues〉是一個很重要的線索，楊三郎曾在 1937 年（昭和十二年）到 1940 年（昭和十五年）之間，赴日學習音樂，當時日本樂壇正巧有兩首名為 Blues 的歌曲，賣破百萬張，分別是 1937 年（昭和十二年）的〈離別的布魯斯〉，以及 1938 年（昭和十三年）的〈雨的布魯斯〉，這兩首歌都是作曲家服部良一寫給美聲歌后淡谷のり子（綾谷紀子）的歌曲。後來〈雨的布魯斯〉更翻唱為國語歌〈寒雨曲〉。

這兩首 Blues 的樂曲結構與旋律，似乎讓楊三郎受到很大的啟發，包括〈離別的布魯斯〉的歌詞裡唱到外國水手聚集在神戶的「美利堅碼頭」（メリケン波止場），就是現今神戶美利堅公園的前身，對比戰後神戶的處境雖然跟基隆不完全一致，但湧入大量美軍的景象，卻是與1950 年代的基隆一模一樣。

阿里山、基隆與門司港：香蕉歌謠中的基隆樣貌

但若要談起與基隆有關的流行歌，那就得稍微把時間往前，拉到日治初期，基隆築港的同時，打下從日本本島傳來的流行文化，率先在此開展的基礎。

1896 年（明治二十九年），台灣總督府以補貼的方式，諭令大阪商船

開通往返基隆與神戶之間的命令航路,兩年後,大阪商船再加開基隆經門司抵神戶的航線,多雨的基隆與神戶遙遙相對,打動了許多創作者,與之相關的文學、繪畫和流行歌曲大為流行,除了描寫海港景色,敘述近海漁船的工作樣貌,乃至歌詠遠洋水手的心情故事,介紹觀光與產業特色等等,內容十分多元。

命令航路主要以客運為主,但貨運量也相當可觀,尤其以台灣的米、糖、以及香蕉為當時的三大輸出品,根據1934年(昭和九年)大阪商船的統計資料,光是從台灣運往日本的香蕉,一年就有27878噸,白米20474噸,砂糖也有6685噸。只是香蕉不易保存,即使趁著香蕉果實青綠帶生的時候提早摘下來,一旦經由漫長的海路運輸,送抵日本門司港,往往都已經長斑發黑。當地批售香蕉的商人,為了讓香蕉盡早銷售出去,便發明了〈門司港香蕉大拍賣〉,又稱為〈小香蕉節〉的叫賣歌謠。這種歌謠的旋律非常簡單,通常都是隨著歌詞音調增加抑揚頓挫,從產地阿里山唱起,描述阿里山的原住民姑娘摘下香蕉,然後成簍的香蕉搭著火車來到基隆港,又從基隆港千里漂泊來

碼頭工人戴著斗笠,船上的人員利用長竿、繩索等工具,將包裝好的香蕉拉至船上。大和丸負責基隆—神戶的命令航線,屬近海郵船株式會社(日本郵船株式會社的子公司)。照片提供:王俊昌。

Chapter.07 文化

門司港香蕉叫賣已超過百年歷史，如今已被納入無形文化遺產，由民間團體保存繼承。圖片出處：日本福岡縣觀光網站。

至門司港：「離開了阿里山麓啊／在火車上搖搖晃晃／終於抵達基隆港／從基隆港搭船出航囉。」

這種竭力描繪台灣香蕉有多麼來之不易的內容，主要就是為了增加物以稀為貴的印象，叫賣歌謠的末段則會因應香蕉的衰敗速度，從高價開始往下喊，愈喊愈低，聰明的顧客往往懂得在香蕉最可口、價格也最實惠的狀態之間取得平衡，出價購蕉。如今叫賣香蕉的口白表演已獲認證為日本無形文化遺產，由地方團體傳承守護，成了門司港的知名表演。

以台灣為主題的歌曲帶入基隆的風景

這個時候的「基隆」，僅是歌詞裡的驚鴻一瞥，一直到 1927 年（昭和二年），日本唱片公司推動新民謠創作，將地名嵌入歌詞的風氣，才吹進台灣。鄧雨賢於 1932 年（昭和七年）作曲，由文聲唱片發行，描寫大稻埕四季風光的〈大稻埕進行曲〉問世，摩登曲風混搭日本傳統民謠的調性，詠唱台灣風俗景致的風潮，在當時蔚為風潮。

錄製新民謠的歌手，除了台灣當紅的歌手純純、愛愛，連在日本本島紅極一時的藤本二三吉、赤坂小梅等「芸者歌手」也都跟著灌錄〈台灣音頭〉或〈台北小唄〉，這類新民謠帶有一股振興地方觀光，或是為政府宣傳富國強民的廣告感，歌詞較為空泛，與地方連結稍弱，最後都沒能成為真正傳唱不輟的經典歌曲，比較碩果僅存的應該僅有後來

翻唱為〈天天二九暝〉的〈東京音頭〉而已。

〈基隆小夜曲〉就是在這樣的背景之下誕生，和洋混搭的曲風，配上以日本人外來者眼光所描寫的基隆港都風情，只憑一句「雨的基隆令人懷念又高興」等歌詞，便冠以基隆之名，雖然曾稍微流行一陣子，卻未造成太大的轟動。

日曲台語歌
帶領幾十年的文化風潮

戰後依然有日本音樂家繼續以基隆為題材，做出不同的嘗試，移居北海道函館的華僑後代，生於1916年（大正五年）的施延雄，17歲以瀨川伸的藝名獲得日本古倫美亞唱片的歌手選拔第一名，成為歌手之後，持續鑽研音樂創作，1950年以門司港叫賣香蕉的歌謠為靈感，寫了一首〈基隆港邊賣香蕉〉；1952年又以基隆港邊賣木瓜的少女為素材，寫了〈基隆港邊賣木瓜〉，其中一句歌詞用華語：「請來請來」，後面則接著可能是臺語的「真好食」（tsin hó-tsiah），相較於新民謠時期，有更多描寫基隆風情的段落，也讓他從此知名度大開，〈基隆港邊賣木瓜〉發行的同一年，即為電影〈上州鴉〉演唱同名主題曲，造成歌謠樂壇話題，順利登上當年的第二屆紅白歌合戰的舞台。瀨川伸的次

日治時代基隆港旁的大阪商船（右）及日本郵船株式會社（左），是命令航線上重要的航運單位。圖片提供：雞籠卡米諾。

女瀨川瑛子後來繼承父業，也是百萬銷量的知名演歌歌手，締造父女兩代都登過紅白的紀錄。

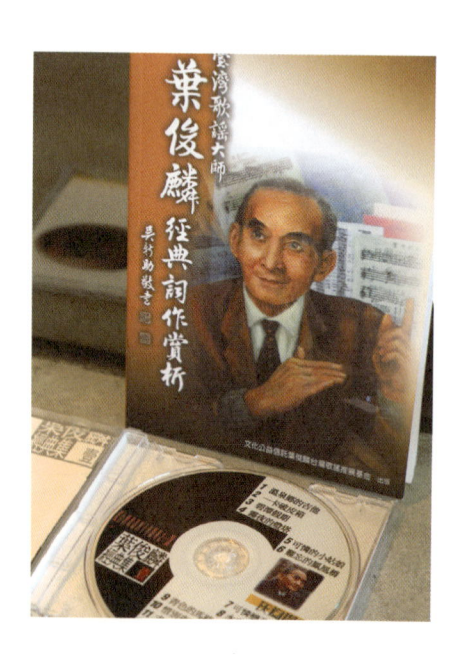

美軍俱樂部影響台灣娛樂文化的同時，日本演歌歌謠在台灣有一定的市場影響力，所以早年台語歌壇與音樂創作者習慣直接挪用日本演歌的曲調，只要填入台語歌詞就可以發行新作品，像基隆出身的音樂家葉俊麟就用了多首日本演歌曲調，填入新詞，翻為膾炙人口的台語歌，例如〈媽媽歌星〉是翻唱自金田立江的〈花街之母〉；〈孤女的願望〉來自美空雲雀的〈花笠道中〉；〈水車姑娘〉翻唱美空雲雀的〈在岩石上誠心念佛〉；〈台北迎城隍〉則是翻唱島倉千代子的〈祭典之夜〉。

打造港都印象的葉俊麟

從小在基隆長大的葉俊麟，慣看基隆港都形形色色，譜寫了許多帶有港都情調的歌曲，另如〈船去情也斷〉的原曲來自美空雲雀 1955 年的〈那天船也依然沒入港〉，歌詞「彼日的船隻，現在是倚靠佇佗一位他鄉的港邊」，巧妙地把日文歌詞轉化為臺語；〈船上的男兒〉則是 1956 年三橋美智也的〈搭乘玄海船〉；〈霧夜的燈塔〉用的是 1958 年三浦洸一的〈別哭了霧笛唷燈塔唷〉；〈惜別夜港邊〉開頭的歌詞：「憂悶的閃爍／憂悶的閃爍／看見黃昏的天星」則是致敬神戶一郎 1962 年的作品〈流星劃過的港町〉。

這些歌曲在日文原曲裡都是描寫港邊惜別的故事，或者跑船人的心聲，翻唱成台語歌之後，主題內容也都非常近似，而葉俊麟寫過最熱銷，傳唱次數最多的〈行船的人〉，原曲卻是來自島倉千代子 1960 年發行的〈白色小指之歌〉，原本是描寫十九歲少女心情的懷春歌曲，被葉俊麟

葉俊麟從小在基隆長大，創作許多重要的台灣早期歌曲。他生前作品近千首，過世後家人將其中 30 首集結成《葉俊麟經典詞作賞析》出版。CD《葉俊麟經典集》則收錄包括〈霧夜的燈塔〉、〈惜別夜港邊〉等共 12 首歌。

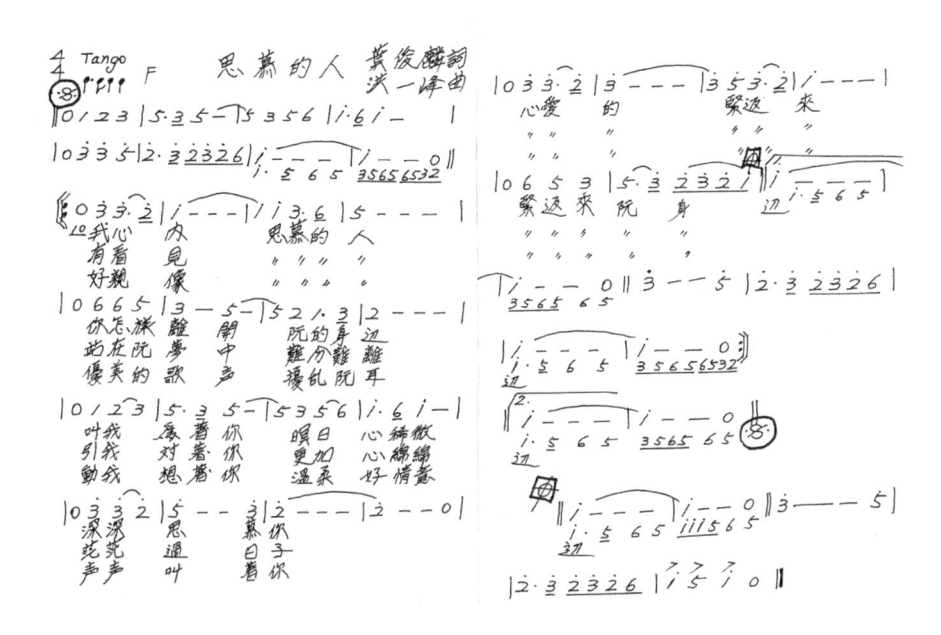

葉俊麟〈思慕的人〉打動許多台灣人的心。圖片提供：國立臺灣大學圖書館藏。

墳成海上男兒離鄉背井，與情人相別離的討海人之歌，可見他所填的歌詞，即使不必直接寫出「基隆」二字，但從歌名以及歌詞裡面所描述的內容，就能讀出很多港都氣息。

有的時候是直書行船人的哀苦；有時候是婉轉描寫岸邊等待的女子心情；有時候是港邊霧雨迷離；有時候是船笛嗚咽愁煞人。相比日治時期的新民謠潮流，或是翻唱 1934 年德山璉〈紅燈綠燈〉為原曲的〈基隆山之戀〉，只是在歌曲開頭唱了兩句「基隆山」，後面的歌詞就跟基隆八竿子打不著邊的做法，葉俊麟填的詞更有基隆在地港都味，唱出基隆人真正的心聲，成為當時許多港邊工作者的心靈伴侶。

葉俊麟後來也跟洪一峰合作，不假外國曲調，以全台灣製作的〈舊情綿綿〉、〈思慕的人〉打開台語歌壇的新世界，一步步推動台語歌的進化，直到林強以基隆鐵枝路邊的小販為歌曲主角，與陳昇寫下膾炙人口的〈黑輪伯仔〉，不僅在曲風開啟新台語歌的未來，勵志的歌詞更見證了基隆港都的產業結構變化，可以說是目前流行歌壇裡，呼應著〈港都夜雨〉的一個基隆樂章的休止符。⚓

基隆公會堂附近

大正十年基隆要塞司令部令第一九號許可濟

基隆公會堂：圖片提供：諸米卡龍雞。

CULTURE 3

真空管的微微噪憶

基隆的地方廣播節目

撰文──周馥儀

在電視臺興起以前,無線電廣播曾是最具影響力的「新媒體」,廣播聲音可以穿透區域的限制,讓處在同個廣播系統的人,共同感受一個特定的時刻。基隆是台灣最早聽到廣播的城市,外界的聲音在此下船入港,將台灣與世界連結在此時。戰後在地的震華與益世電台,則伴隨著基隆人一起成長,並培養出許多重要的廣播演藝人才。除了這些深刻銘印在社會記憶中的電台外,基隆還有一個罕為民眾所知的神秘電台,是鞏固這座航港城市不可或缺的要角──基隆海岸電台,提供船員海域資訊,並兼負協調海難救助的重任。

基隆成為接受世界的訊息的第一站!

基隆,是台灣最早聽到廣播的城市。1921年(大正十年)10月

間,基隆的無線電信局接收香港與上海的廣播,再中繼到基隆公會堂擴音給市民收聽,這是台灣最早的廣播受信紀錄。之後,日本殖民者在台灣建立廣播設施,開啟台灣人的廣播初體驗。

1925年(大正十四年)日本開始廣播事業。當年6月,台灣總督府透過「始政三十週年紀念博覽會」進行試驗性播音,在總督府舊廳舍設立「播音室」,連續九天播音,每天早中晚三場共五個小時,透過50瓦放送機放送,民眾可在臺北新公園會場聽到公開播音,有祝賀演講、新聞報導、義大夫等日本戲曲,及童謠、鋼琴獨奏等音樂節目,這是台灣廣播事業的開端。

當時博覽會的各個會場,都裝有收音擴音設備,還有汽車裝載擴音器巡遊市區播放;同一時間,基隆公會堂與淡水郵局俱樂部、新竹公會堂、臺中州廳,都能聽得到同樣的播音。《臺灣日日新報》大幅報導,掀起新聞熱潮。1928年(昭和三年)臺北放送局成立,在淡水設有「受信所」,負責接收日本、中國和南洋方面的電波,正式開啟台灣的廣播事業。1930年代隨著大東亞戰爭擴大,台灣民眾能透過收聽收音機廣播,獲得時局資訊,以及得知最新戰況。1945年(昭和二十年)戰爭結束前夕,臺人擁有收音機的戶數為99246戶,已佔當時全體戶數的十分之一左右,西台灣已在廣播的受波面。

國民政府來台後黨政軍背景的益世與震華電臺

1949年國共內戰戰局變化,國民政府撤退到台灣。1950年代為因應中共對台灣的廣播心戰,以及進行反共政策宣傳,設置地區有限度地開放各縣市設立民營廣播電臺共22座,電臺成立者具黨政軍特背景,這些電臺為調幅電臺(AM),規模小,播送範圍限於地方。基隆的兩個重要電臺:益世電臺、震華電臺,即是在這樣的心戰宣傳背景下成立。

益世電臺,原是于斌樞機主教於1946年成立於中國南京,設置目的為配合抗戰前唯一宗教新聞事業「益世報」,進行福音宣傳、配合政府宣導政令,有「小中央臺」之稱,1951年在基隆復播。1959年,震華電臺為易人谷、許瑞祥在基隆設立開播,受立委秦傑、海專訓導主任何龍之鼓勵而籌設。

震華之珠王東山與益世台柱李麗明，主掌基隆之聲

1960年代臺語歌曲流行，有兩大廣播紅星深入基隆聽友的心，一位是活躍震華電臺的主持人王東山，以播放臺語流行歌曲為主；另一位是益世電臺臺柱李麗明，主持「麗明歌聲」，以輕音樂作為播音的穿插。兩人各擁有廣大聽眾群。

王東山，本名王俊義，1960年開始投入廣播界，最初在震華電臺負責業務，為味全公司錄製「二十萬大贈送」廣告，聽友買味精就可以參加抽獎，讓他的知名度在基隆慢慢打開。他主持的「雨港音樂廳」，在節目中選播與介紹臺語流行歌，廣獲聽眾歡迎，每天都有女聽友送花跟水果到電臺，聽眾稱他為「雨港之寶震華之珠」。成名後，他時常在中正堂（今基隆文化中心）舉辦「公演」，邀請洪一峰、文夏、白嘉莉、崔臺菁、黃俊雄、魏少朋、尤雅等歌星演唱。

益世電臺臺柱李麗明投入廣播業，起於中學畢業後報考益世電臺，成為編制內的播音員，正式播音廣受聽眾喜愛，經由廣告廠商力邀，轉任外製主持人。李麗明主持「麗明

于斌樞機主教。圖片出處：維基百科（公有領域）。

歌聲」為播放輕音樂的綜合性節目，內容實用，介紹基隆的知名餐廳、歌廳與鄉里大小事漫談等，基隆經濟活動蓬勃，1970年代工業區逐漸發展，許多女作業員在此聚集，李麗明的節目風格播音口吻斯文、在輕音樂播出時講述人生哲理，符合女性作業員的喜愛。

兩大廣播明星李麗明、王東山，競相舉辦歌手公演，帶起基隆歌唱熱潮。益世電臺李麗明、震華電臺王東山都跟唱片公司合作舉辦公演，1966年5月王東山連續十三週在週日舉辦「自由歌唱比賽」，聽眾踴躍參加，創下基隆的歌唱大賽紀錄。

每艘船都會設置接收船行警告的「航行警告電傳接收機」（NAVTEX Receiver）。方凱弘提供。

李麗明舉辦歌唱比賽，要求唱片公司的卡司不能跟王東山邀請的歌手重複，1969 年 1 月 11 日益世電臺、新生飯店、明志公司聯合舉辦歌唱比賽及歌星選拔大賽，報名參賽高達 300 人，李麗明親自擔任主持人，知名歌手文鶯、婉曲，及海山唱片基本歌星西卿、張素綾等客串演出，到場觀眾熱烈，為基隆掀起歌唱熱潮。

廣播時代的基隆超級名人

在民生工業起飛的年代，播音員與藥廠與食品公司廣告合作，舉辦活動吸引基隆聽友。震華電臺三位女播音員深受聽眾喜愛，陳小梅（原名月娥），在基隆女中畢業後進電臺主持「我所愛的歌聲」，東亞藥廠贊助舉辦猜獎活動，聽眾點唱函應接不暇；藍秋（本名林芙美），主持「臺語歌曲」及仁丹公司的「輕音樂」節目；林安（原名秀鑾）主持太陽製藥的「綜合節目」與空中遊戲，獲得聽友熱烈的迴響。

以獨特嗓音聞名全國的李季準，出身基隆，他在基隆中學畢業後，曾到益世電臺謀職，當時民營電臺收益來自廣告收入，臺長問他「能不能帶廣告」，讓他只能黯然離去。之後，他經歷通訊社記者工作，建立名氣，1962 年在地方要人推薦下，順利進入益世電臺工作，不僅製作主持節目，還要採訪、播報新聞、招攬廣告。李季準曾主持市議員選舉選情特別節目，即時播報開票情形、訪問當選人，這樣先進的作法不同於其他的選情節目。退伍後，考上中廣節目主持人，長年累月成為耳熟能詳的知名廣播人。

1960 年代，在電視尚未成為基隆家家戶戶的娛樂時，民眾喜愛聽電臺的廣播劇。團主黃慶芳（黃水生），先在震華電臺成立「黃水聲話劇團」，1963 年改至「益世電臺」成立少女歌劇團，劇團引起熱門迴響。然而，益世電臺少女歌劇團因播出〈玉蝴蝶打宰相〉歌仔戲內容違反規

定，遭警備總部停播（以「劇本未事前送審」、「內部人員經常變動，均未遵照規定報核與納入組織」、「其所播出臺語節目劇情低級，亦未送審」），要求該團照規定辦妥各項手續後，才能再恢復播音，使該團成立不到一年面臨解散。電台的蓬勃世代，後來因為電視的興起，以及近代的網路使用，而默默退出日常生活，然而，如果問起老基隆人，他們依然會講起震華與益世兩個電台的風華年代。

神祕的海上作業人員守護者

在正濱漁港附近，有個罕為一般民眾所知的電台——基隆海岸電台。海岸電台是岸海之間通信轉接樞紐，負責海上船舶遇險救難通信及海事安全資訊廣播服務。

當船員在海上航行遇到危險時，可透過國際海上救難頻道呼救，電台值班人員聽到呼救後，會將訊息通報搜救中心，並繼續和遇險船舶通話，以取得資訊並穩定船員情緒。另項業務是提供航行資訊，例如氣象資料、颱風警報和航行警告等。每艘船舶都設有航行警告電傳接收機（NAVTEX Receiver），會自動將航行警告資料列印出來，協助船員維護航行安全。⚓

作者・周馥儀

台中清水人，政大台灣文學所兼任助理教授。曾任賴和文教基金會執行長、彰化縣文化局長、文化部任職。受勞動階層的父母親啟發，關心台灣文化深耕、社會民主深化。高中至今，跟隨面向社會的台灣文學前輩，成為文化行動者。以戒嚴時期台灣民營廣播史研究取得臺大歷史所博士學位。

參考資料

- 《教育部檔案》，〈十二月七日舉行廣播安全會報〉，檔案管理局藏，檔號：052/558.03/1/1/2。
- 《教育部檔案》，〈定於二月廿一日舉行廣播基金會報第十三次會議由〉，檔案管理局藏，檔號：053/558.03/1/1/1。
- 《廣播周刊》，1961 年 1 月，〈節目消息〉，187 期，頁 17。
- 《廣播周刊》，1961 年 10 月，〈基隆震華廣播電臺廣音員群像〉，196 期，頁 10。
- 吳國楨，2017 年，〈美麗雨港的空中傳奇人物「麗明歌聲」李麗明〉，收於丁文棋編，《臺灣廣播經典名人錄》，中華民國廣播電視節目協會出版。
- 呂紹理，2002 年，〈日治時期臺灣的廣播工業與收音機市場的發展〉，《政大歷史學報》第 19 期。
- 邱上嘉，2015 年，〈國家廣播文物館民雄放送所〉，《臺灣學通訊》第 86 期。
- 郭佩娟，2017 年，〈名揚震霆屹立基隆王東山〉，收於丁文棋編，《臺灣廣播經典名人錄》，中華民國廣播電視節目協會出版。
- 黃裕元，2015 年，〈早期臺灣的廣播與資訊生活〉，《臺灣學通訊》第 86 期。
- 黃裕元，2016 年，《歌唱王國的崛起：戰後臺語流行歌曲研究 1945-1971（I）》，高雄市政府文化局。

Chapter.08

故事

Folk Tale
in Keelung

基隆的巷弄中隱藏著許多傳說故事，這些故事與基隆的文化活動息息相關。

基隆最著名的活動之一就是每年農曆七月的鬼門開與放水燈。這段時間，基隆充滿了熱鬧的慶典。許多行業，包括航港產業中的苦力和船公司，都是這項活動的重要參與者。

除了這些常民活動，日治時期發生的基隆「七號房慘案」也轟動全台灣，成為歌仔冊和台語電影的素材，成為台灣戰後常民集體記憶的重要一環。

在大家族方面，林開郡的故事不僅留下了港邊華麗的林開郡洋樓，他的生平和煤炭產業的過往，更反映了基隆從山到海的產業連結。

基隆的故事綿延不絕，隨著時代的變遷在台灣歷史中流傳著。

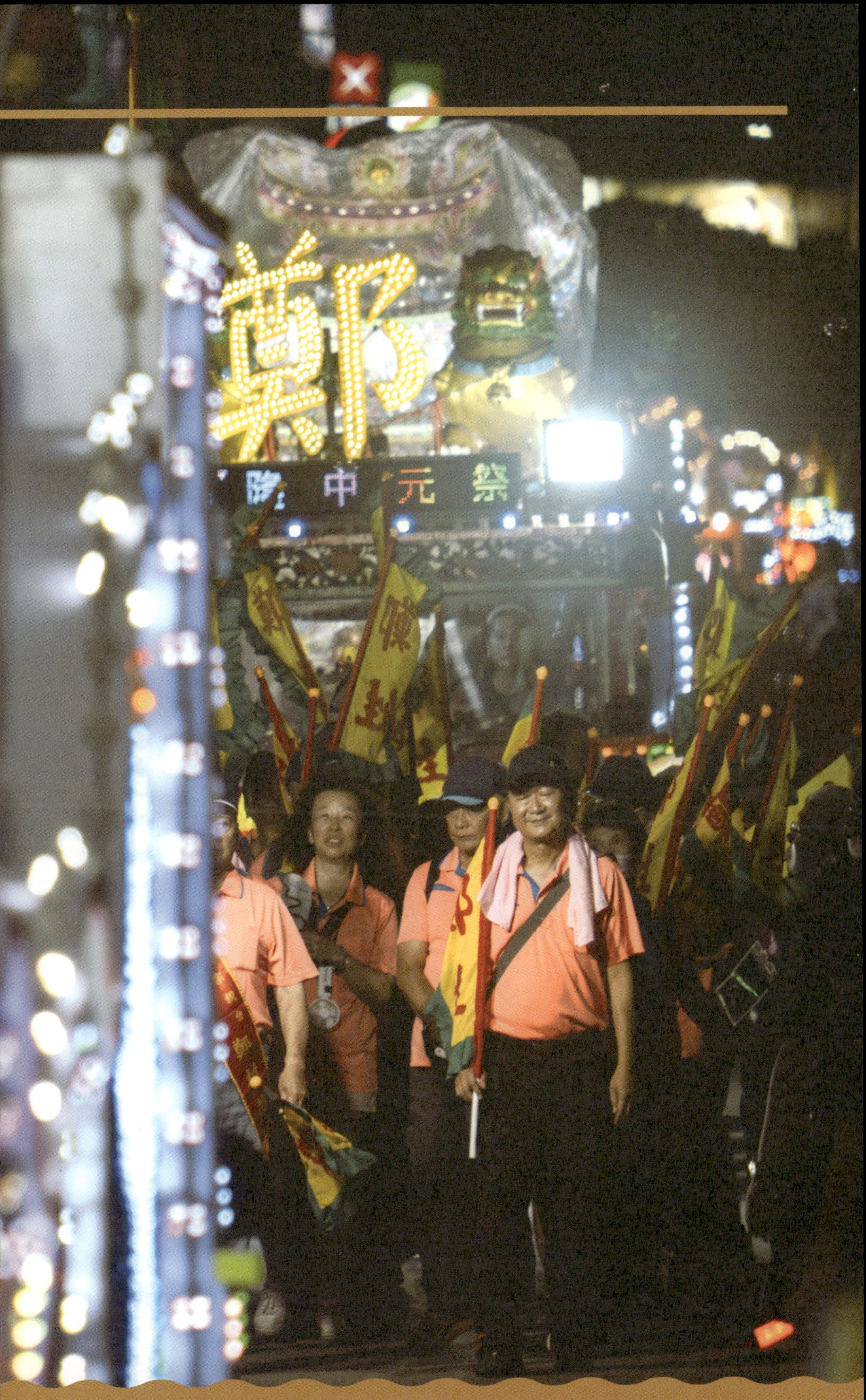
鄭
隆中元祭

《基隆燃放水燈圖》，村上英夫（村上無羅）於 1927 年完成的膠彩畫作品。圖中上方可見田寮河木橋與河面上的戎克船，中間磚紅洋樓上站滿看熱鬧人潮。原件目前收藏於國立臺灣美術館。圖片出處：維基百科（公有領域）。

FOLK TALE
①

基隆港邊的中元

普渡老大公 百工平安過難關

撰文——唐墨

雞籠中元祭是基隆具代表性民俗祭典，整個農曆七月都是普渡的日子，俗謂：「中元不離普」，從農曆七月一日老大公廟開龕門開始，歷經十二日主普壇開燈放彩，十三日迎斗燈遶境祈福，十四日放水燈遊行、海濱放水燈頭以及十五日公私普渡、跳鍾馗，八月一日的關龕門等，時間長達一個月。如今是台灣規模最大的中元祭典，也是第一個被指定為「重要民俗」國家文化資產的節慶，稱得上是基隆人的驕傲。據說最早清代的中元醮，是由碼頭工會負責，後來才改由慶安宮舉辦。到日治時代，除了碼頭工會外，苦力組、船公司等也出力甚多。

械鬥慘烈 祭拜老大公保平安

雞籠中元祭起源於清朝的械鬥。咸豐年間，最早進入基隆街，依傍海

基隆中元節是基隆居民每年的大事。所有人會到街上參與繞街,以及觀賞花燈,主普姓氏也會卯足全力準備。

港謀生的漳州人，與沿基隆河在七堵、暖暖等地聚居的泉州安溪人，經常因爲細故而對立，爲了不讓安溪人有機會進入港區，基隆街的漳州人糾眾，前往魴頂也就是今天南榮公墓區域，率先發動攻勢，兩方陣營在此地發生大規模械鬥，死者高達百餘人。

雙方頭人經此一役，認爲再戰下去終將兩敗俱傷，因此提出將雙方死難骨骸合葬，建一廟於今日公園街一帶，尊稱爲「老大公」，共同祭祀以消戰端，並協議出按照姓氏輪值，抽籤決定出張廖簡、吳、劉唐杜、陳胡姚、謝、林、江、鄭、何藍韓、賴、許等十一字姓又稱「張頭許尾」的順序，擔任中元普渡的主普。

1855 年（咸豐五年），由爐主籌辦「雞籠中元祭」，起初由碼頭元發號苦勞間（今碼頭工會）承擔，後來才改由慶安宮承辦至今。而這種以宗親血緣，消弭漳泉地籍矛盾的輪普制度，也成爲雞籠中元祭的一大特色。後來由於不同姓氏的家族勢力在基隆地區各有消長，加上外地姓氏的移入等等，幾經變革，如今輪普順序是張廖簡、吳、劉唐杜、陳胡姚、謝、林、江、鄭、何藍

韓、賴、許、聯姓會、李、黃、郭爲序的「十五字姓」。

清代雞籠中元祭的祭祀範圍極廣，擴及金包里堡（今金山及萬里一帶）、基隆堡（今基隆市北部）、三貂堡（今貢寮及雙溪一帶），合稱「金雞貂石」，在清代都屬於基隆廳。今日基隆行政區域雖然不包括「金貂石」，但由於「金貂石」與基隆港區的貿易往來相當頻繁，尤其金包里堡的漁獲，以及三貂堡跟石碇堡所產的煤礦，幾乎是奠定基隆港都地位的重要資源，所以今日主普壇依舊高掛「金雞貂石」四個大字，以爲紀念。

主普姓氏與四大柱
帶領基隆百業祈福順遂

中元祭典有主普、主會、主壇、主醮四部份，按道教醮祭儀式，建立醮壇設祭，合稱四大柱。有的說法認爲主普以外的三大柱分別是由碼頭工會、米商和雜貨店負責。

四大柱的工作，不外乎資金籌措、供品備辦、酬神獻戲與祭壇搭設，確保中元祭順利進行，在當時也幾乎都是由商會或有頭臉的商人出面擔任，而以上兩種說法，都有參考

舊主普壇歷史照片。圖片出處：國家文化記憶庫（公有領域）。

基隆的產業型態，或者以街區開發及商業往來為根據，例如日治時代雞籠中元祭的歷年遊行活動中，投注人力物力參與的民間商業團體，特別以丸大苦力組、商船苦力組、基隆輕鐵會社、三陽公司海部、哨船組團、泰記汽船和三井企業等運輸倉儲業者為最大宗，而魚商、肉商、青果菜商和芭蕉仲賣等商行則是居次。

由於運輸倉儲業具高危險性，因此相關業者積極參與中元祭活動以祈求平安，包括水燈及花車遊行之陣頭競賽，例如大正五年主普「商船苦力四百五十燈，大商組三百三五十燈，斯為最上」；有些如泰記汽船會社甚至曾獨立責責主壇普度事；運輸業及郵船組、大商組還曾舉辦「基隆港內死於非命之大普度」，在中元祭期間自行舉辦普度，以超度死難亡魂。

基隆人瘋中元
催生主普壇建設的誕生

如今基隆中元祭固定在主普壇舉行，但最早主普壇並無固定場所，而由每年輪值的姓氏出資搭建，農曆七月結束旋即拆除的臨時祭壇。如此反覆拆拆蓋蓋，耗費的金錢非常可觀。雖說日本人治台初期，為

日治時期舊主普壇位於高砂公園（今日的公園街）。圖片出自：維基百科（公有領域）。

了能順利建設基隆港，疲於處理基隆地區的漳泉械鬥，以及北管福祿西皮兩派的恩怨，因此在地方仕紳提出「拚陣頭取代打破頭」的時候，也是傾向支持，但萬萬沒想到基隆人瘋普渡的程度，簡直比打架械鬥還狂熱，耗費的金錢平均每年都在數千日圓不等。

1929 年（昭和四年），許梓桑、顏國年、潘榮春等基隆仕紳，向基隆市役所提議以音樂堂的名義，於高砂公園，也就是今天的公園街，蓋了舊主普壇。

舊主普壇的建材主要是鐵骨和水泥，建設費用共日幣 15000 圓，由於主普壇是配合慶安宮的普渡內壇而設置的，圍繞著慶安宮的主普、主會、主醮、主壇等四大柱則屬於普渡外壇。當時的十一姓分攤 6600 圓，不足額皆由慶安宮支出，雞籠中元祭的普渡祭祀範圍，是以慶安宮內壇為中心而向外擴散。另外三柱雖然現已不存，但從歷年設壇的地點推測，便可以釐清四大柱之間的關係。主會應該位於福德町，也就是現在廟口附近，當年是臺陽汽船商事株式會社與泰記汽船株式會社設立的地方；主醮在旭町，也就是忠一路跟孝三路；而主壇則是清代的草店尾、後來的元

町,也就是靠近東岸廣場,基隆郵局一帶。

戰後新生的主普壇與中元祭

戰後鐵骨舊主普壇遭到波及,重建成鋼筋結構的二代主普壇,但由於戰後大量移民來台,高砂公園湧入了大量違章建築,位於基隆市區的二代主普壇,每到中元普渡期間,便在當地造成嚴重交通阻塞,因此1971 年,遷建至中正公園獅頭山頂,也就是今日一樓爲文物館的新主普壇,每年雞籠中元祭的重要儀式包括淨壇、豎燈篙、放燈、普渡,都是在這裡進行。

如今的雞籠中元祭在政府推動之下,一掃鬼氛,也變成民眾歡慶的節日,從初一開龕門,呼告好兄弟出來放暑假的活動開始,就有許多民眾會開始跟拍或參與這整個農曆七月的普度行事。開龕門之後,農曆七月十二日,主普壇會開燈放彩,除了道長舉行科儀之外,北管也會排場,鑼鼓齊鳴;七月十四舉行遊街,各姓水燈與宗親會請來的排場陣頭,相偕到八斗子望海巷施放水燈,鄰近的船隻還會鳴笛慶祝,也像是在告訴海上漂泊的好兄弟們,可以趕快來赴宴了;十五日的普度結束後,十六日一定要請鍾馗踏孤棚,告訴好兄弟們吃飽了就準備回家,不得戀棧人間。而這還只是主要的流程,從七月初一開始,基隆乃至全台各地都在普度,每間廟、每個角頭、每個村里或市場,普度的日子都不一樣,一直要到八月初一,把龕門關上了,整個月的普度活動才算告一段落。

此外,因爲基隆的港口背景與清法戰爭,各國許多異鄉人在基隆死去,因此,基隆的普度桌上還會供奉法國麵包、壽司和三明治、紅酒等異國料理,允爲一大特色。

2018 年,基隆市政府公開「基隆山海城串連再造計畫」,以港區橋式起重機爲發想,規劃將原信二分局興闢爲「基隆塔」,串聯主普壇,並設有觀景台及書店,原先的信二防空洞則成了別具歷史意義的展覽空間。2023 年基隆塔正式開幕,除了中元祭會舉辦相關的展覽活動,主普壇也成爲基隆的觀光景點之一。⚓

中元節的重頭戲,是最後到海邊放水燈。

參考資料

- 吳蕙芳,2013 年,《基隆中元祭:史實、記憶與傳說》,台灣學生書局。
- 王志仁,2024 年,《許梓桑與基隆地方社會》,基隆博物館。
- 陳世一,2011 年,《基隆港、市與相關行業:百年發展的歷程》,基隆市台灣頭文化協會。
- 基隆市政府,2001 年,《基隆市志 卷二:住民志禮俗篇》,基隆市政府。

基隆七號房慘案

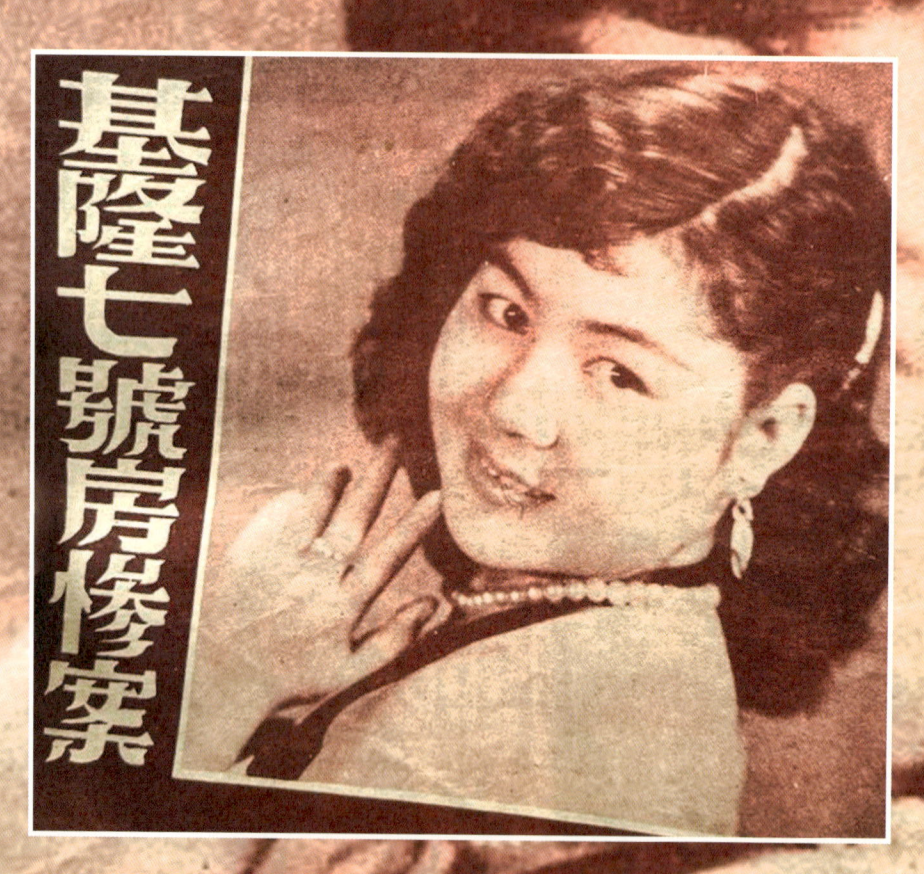

1957 年上映的台語電影《七號房慘案》宣傳小冊，內含：電影故事、插曲樂譜、演員介紹、演職員表、劇照等。圖片提供：雛籠卡米諾。

FOLK TALE 2

雨港殺人事件

台灣推理小說與電影的經典文本

撰文──唐墨

日治時代的基隆，在築港時期人潮快速湧入，但同時也導致許多社會衝突矛盾。當時有個轟動全臺的社會案件，即是七號房的分屍案。案件後來更成了台灣推理小說的文本，以及台語電影的素材，並成為歌仔冊的傳唱主題，是日本時代至戰後台灣社會集體記憶的重要一環。這個案件也呈現了時代特色，男主犯由日本至基隆海事課工作，女主犯則由琉球至基隆的料理店擔務服務員，正是因為當時海港城市的工作機會及移民流動性，讓基隆成為這個案件的背景舞台。

港邊殺人事件幻影作祟引起各方注意

1934 年（昭和九年）11 月 5 日的《台南新報》，率先以「慘殺妻女後棄屍外海」的大標，報導基隆海事課出張所的技手吉村恒次郎，夥同

小妾屋良靜，聯手殺害正室宮氏，並將其分屍，以汽油桶運屍外海丟棄的恐怖事件。

新聞內文不僅繪聲繪影地提到當地漁民屢次在外海看見亡靈作祟等傳聞，記者也詳述警察如何抽絲剝繭調查，傳訊兩名兇嫌的過程，甚至法庭大審結果出爐後，《台南新報》的漢文欄位罕見出現長達八天，宛如寫實小說的專題連載，從吉村一家自 1931 年（昭和六年）的不睦，到屋良靜的介入，以及 10 月 28 日當晚命案發生經過等等，完整報導這起在當年被稱為「基隆分屍殺人」或「雨港分屍殺人」的事件。

由於 1933 年（昭和八年）滿州國才剛發生一起名流女性周旋在三位男性之間而造成的「大連分屍事件」，不到一年台灣島內也出現類似事件，故而引起很多民眾的關注，而日本各單位也因為接連的分屍案件，更加謹慎看待這起日本人在島內引發的家庭暴力事件，尤其主嫌還是當過海軍的日本籍官員，對負責偵辦的警察來說，可說是相當棘手的對象。

七號房事件的來龍去脈

根據調查，主犯吉村恒次郎最早是日本海軍志願役，當了六年的海軍，退伍後去澎湖擔任警部補，調去高雄半年，最後才到基隆海事課擔任技手。

吉村於 1915 年（大正四年）與成婚，妻子從夫姓，叫吉村宮，兩人育有長女智子十八歲、長男克之十四歲，以及次男正之十二歲。將近二十年的婚姻，因為恒次郎貪杯好色的性格，導致兩人漸行漸遠，妻子一度要鬧離婚回日本娘家，恒次郎為了留住妻子，透過朋友介紹，在基隆海事課找到一份工作，舉家搬到基隆，並開始籌備在台灣購屋，他的說法是，他希望能以此留住妻小，顧全家庭。但案發後即有一則關於恒次郎當年在高雄堀江包養小妾，金屋藏嬌的報導，由此

七號房慘案的男主角在台灣總督府交通局基隆海事課出張所工作，地點即在當時的基隆港合同廳舍，今日的海港大樓。

驗證他在基隆認識屋良靜，完全是故態復萌，不知悔改。

屋良靜的名字一度被寫成矢田、屋羅等等，這是沖繩特殊姓氏，日本全國超過八成姓屋良的，包括屋良靜都是沖繩人。早在甲午戰爭之前，就有很多琉球人、沖繩人會來基隆，有的從事捕撈作業，有的則選擇定居在台灣，例如和平島上就曾有五百多名琉球人定居的聚落。屋良靜當時在高砂公園內的料理店綠庵擔任服務生，恒次郎宣稱他的腸胃病要透過飲酒來治療，所以時不時就會跑出去喝酒，在綠庵認識了屋良靜之後，恒次郎回家的次數愈來愈少，他跟妻子的矛盾也愈見加深。

起初，身爲正室的吉村宮，她大可以把屋良靜視爲其他跟丈夫糾纏不清的女子一樣，朝秦暮楚，來來去去，豈料屋良靜居然懷了恒次郎的女兒，一個叫做春江的幼女誕生，爲這段三角關係投下的震撼彈。

在歌仔冊的故事裡，春江生下來沒多久，就染上重病，而吉村宮是個虔誠的佛教徒，日夜誦經祈禱，對春江視如己出，奈何春江敵不過病魔，四歲就夭折了。屋良靜卻懷疑吉村宮背地裡誦經詛咒自己的孩子，因此與恒次郎謀劃殺妻滅屍，以絕後患。吉村宮跟屋良靜的名字在歌仔冊裡被改成千代子與阿雲，爲了方便敘述，本文就不使用歌仔冊的設定。

但根據屋良靜與吉村克之在警局與法庭的證詞，事件的眞相其實是屋良靜的女兒夭折後，吉村宮帶著長子克之，大鬧春江的靈堂，而且克之更是在這之前，就受到母親的唆使，經常帶著小刀去騷擾屋良靜，甚至還去屋良靜的家裡偷東西，恐嚇威脅樣樣來。

基隆的惡鬼與魔女故事落幕

雖然《台南新報》用「基隆的惡鬼與魔女」來形容兇手吉村恒次郎與屋良靜，但從春江的死來看，恒次郎無能調度兩個女人的戰爭，又放任妻小攻擊屋良靜，或許就是這起事件的源頭。而屋良靜應該是因爲女兒春江的死，才有如此偏差的行爲，春江靈堂被大鬧的當晚，她曾對恒次郎說，她懷疑春江是遭到吉村宮的咒殺，她希望恒次郎能把吉村宮殺掉，替她的女兒報仇。當她看到渾身酒氣的恒次郎，用棉被包裹著吉村宮的屍體，來到她家的

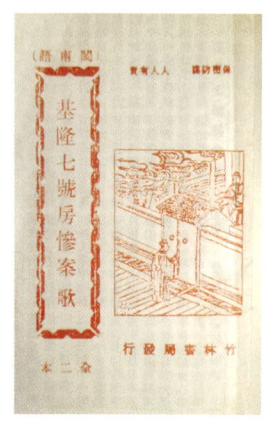

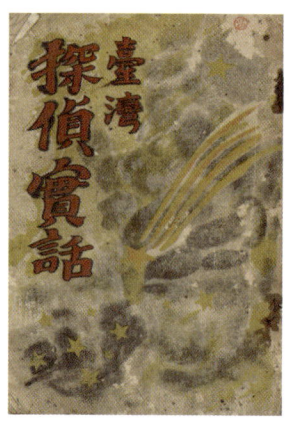

（左）《基隆七號房慘案歌》歌仔冊封面。圖片提供：唐墨。（右）《偵探實話》封面。圖片提供：國立臺灣圖書館。

時候，她竟脫口說出：「真是太好了」之類的話，並與恒次郎聯手進行分屍與棄屍，更有報告指出，屋良靜看到吉村宮的屍體時，在她的脖子上砍了一刀洩憤，檢察官也因此對屋良靜求處重刑。

法院最後的判決，因吉村恒次郎是主嫌，判處死刑，屋良靜雖然是唆使犯，而且她的確也有協助分屍與棄屍，但因為她在整個審訊過程中都非常配合，且不時低頭落淚，展露出懺悔之意，法官或許是考量到她是因為春江的死，才產生一連串錯誤的決定，故而判處無期徒刑，整起事件才落幕。

台灣偵探推理作品的先驅與賣座的台語電影

1943 年（昭和十八年），臺北師範學校教師江間常吉根據當時的新聞報導，在《台灣探偵實話》裡，以〈基隆分屍事件之真相〉為題，寫了一篇情節非常詳盡，且有稍加舖陳人物對話的非虛構作品，這也是目前最貼近事件真實面目的再創作，也是台灣偵探推理作品的先驅之一。

而台灣觀眾再次看到同一事件，則是二十多年後的臺語電影黃金年代，1957 年上映，由男主角康明主演的《基隆七號房慘案》，他的壞男人演技受到肯定，成為當年票房冠軍，讓這起案件再度被大家提起。歌仔冊《基隆七號房慘案歌》便隨即趕在 1958 年出版，環球唱片請了歌仔先邱鳳英錄製全本《基隆七號房慘案歌》，邱鳳英本名邱查某，楊秀卿九歲的時候曾被父親送去跟邱鳳英學唸歌，雖然只有短短一年，但兩人後來偶有同台錄音的機會。

由於《基隆七號房慘案》的電影大熱賣，唸歌受惠於此，蔚為流行，從此「基隆七號房慘案」就取代了日治時代新聞報導所使用的「基隆分屍殺人」，而以此名為人所知。

那麼，這間「七號房」在哪裡呢？其實從頭到尾都不存在這間七號房，「七」的靈感可能來自當時的案發現場，也就是吉村恒次郎位於基隆郡天神町九十七番地的家。天神町的範圍約莫是今日的仁愛區花崗、林泉、虹橋、水錦里等地，東臨基隆遊廓，西邊設有變電所，北面田寮河，而九十七番地現已不存，只剩下天神町福德宮，以及各串流平台都還可以聽得到的《基隆七號房慘案歌》。⚓

天神町福安宮慈安宮。

參考資料

- 《臺南新報》，1934 年 11 月 5 日～12 月 29 日。
- 作者不明，1959 年，《基隆七號房慘案歌》，竹林書局。
- 路那，2020 年，〈疑案辦【遙遠的警世歌謠】基隆七號房分屍案〉，《重大歷史懸疑案件調查辦公室》。
  網址：https://ohsir.tw/6315/

Chapter.08 故事　213

林開郡洋樓在基隆城市博覽會重新開館後的展覽。圖片提供：Ray。

FOLK TALE 3

林開郡足跡

見證基隆港的歷史巨變

撰文——唐墨

位於基隆市仁愛區愛一路,面向基隆港,曾經名列台灣十大鬼屋的林開郡洋樓,2022年在基隆市政府擘劃的城市博覽會,首度公開一樓部份區域與民眾見面,重現1930年代的港都風華,一掃數十年來的鬼氛謠言。林開郡的發跡,乃至整棟洋樓的起落,見證了煤礦業的盛衰。台灣煤礦業的起點在雞籠,由於地理位置靠海,擁有優越的海陸運輸條件,成了北部開採煤礦的首選,清廷於1876年在八斗子設立第一個官礦,同年興建台灣第一條輕便鐵路,由礦場通到港口,就此打開了黑金之路。

林開郡隨著台灣煤炭產業展露頭角

早在清代道光年間,基隆就已經開始採掘炭鑛,但當時的技術非常原始,工具只有俗稱掘仔的鶴嘴鎬跟

裝載煤炭的竹筐，鑛工僅能針對裸露的煤田或煤層較淺的區域進行開採，1891年（光緒十七年）台灣兵備道唐贊袞的《台陽見聞錄》記載：「煤洞大者，進去約六、七百步，洞中高不過三尺，闊不過五尺，有泉水，皆用水桶接取，倒出洞外。所開俱祇一層，從未往下再開。由洞中運出，每筐不過裝煤百筋，洞外俱用竹筐挑取。」

即便是如此有限的產量，還是引起了英美兩國的注意，特別是美國海軍將領培里在1894年（明治二十七年）強迫日本幕府簽訂《日美和親條約》之後，特地登陸基隆，盤桓十餘天，就是為了確認早在歐美各國流傳已久，關於基隆港灣的深度，以及鑛脈蘊量等傳聞，也藉此在當時通商的安平與淡水兩個港口之外，評估再打開一個基隆港的可行性。

甲午戰爭之後，日本政府陸續頒布〈內地人台灣上陸規定〉、〈台灣鑛業規則〉等法規，唯有日本國籍才能申請鑛業產權，進行開採。通常鑛工或漁夫這種高風險、重勞力的工作，都是台灣本島人才會從事，台語俗諺謂：「入去死一個，毋去死一家」，或是「入坑未死人先埋，討海死了無通埋」，都道盡了北海岸地區的艱困，百姓討生活的不易。因此申請到鑛權的日本資方賀田組、藤田組等公司，都會找台灣人入坑，或延攬臺籍股東，或將業務轉包給台灣業者，而基隆鑛業鉅子顏雲年，以及林開郡等台灣本島人就是這樣透過鑛產而致富。

台灣鑛業面臨幾次重大變革，首先是1905年（明治三十八年），由於機械設備的進步，並適逢第一次世界大戰，全球煤量需求上揚，林開郡等煤鑛業者都因此賺得缽滿盆滿。其次是交通的建設，伴隨著鐵道縱貫線與支線的陸續鋪設完成，煤鑛運輸成本大幅降低，可以送抵海港運銷世界各地

林開郡洋樓
蓋出港邊商人的氣派

1880年（光緒六年）生於桃園大溪的林開郡，15歲離開桃園，隨原籍基隆的父親在基隆護國城隍廟旁販售竹編器具，他們家的營生原本與炭鑛毫無關聯，而在台灣鑛業的幾次重大變革事件中，林開郡有幸搭到順風車，累積了雄厚資本，才得以在1931年（昭和六年），於基隆最繁華的海港第一排，蓋下氣派洋樓。林開郡是在1917年（大正六年）獲

得三峽圳仔頭地區的礦權，成立三峽炭坑株式會社，正式開採三峽礦坑，根據當時的統計資料，林開郡在 1924 年（大正十三年）至 1925（大正十四年）兩年之內，就從煤礦事業獲利超過一萬元日幣，相較當時數百元就能在台北市區買到平房的物價，可謂一夜致富，因此在他洋樓落成的隔年，旋即當選官派的三峽庄協議會員，後來又連任了兩屆；1933 年（昭和八年）時值吳姓輪值老大公的主普，其中四大柱之一的主壇即由賴順跟林開郡兩人共同辦理。日治時代基隆中元祭規模盛大，擔任主普、主壇、主醮、主會都耗資頗巨，絕非一般尋常小康人家可以勝任。

另一條關於林開郡財富的線索則是 1941 年（昭和十六年），為了統整各地礦區的經營，方便管理，集合台灣當時重要礦業家的台灣石炭株式會社正式開業，每股 50 日圓，共 14 萬股，最大股是基隆炭礦西村小次郎持有 22300 股，基隆顏家的臺陽礦業由顏欽賢代表持有 4000 股，而林開郡當時也持有 2000 股，由此便得以揣知林開郡的財富實力相當可觀。

順應礦業變革獲得巨富的林開郡，

1945 年基隆大空襲後的林開郡洋樓（右邊建築）。
圖片出處：維基百科（公有領域）。

在基隆跟三峽兩地都是頗有頭臉的人物，基隆城隍廟的三川殿內還可以看得到他題贈的楹聯，而他的兒子林先達也繼承父業，除了協助父親管理三峽礦坑之外，戰後更取得三峽礁溪里的永達煤礦產權。

美麗的洋樓
養育基隆的文藝後輩

由於三峽礦坑的業務繁重，洋樓落成後，林開郡並未在基隆居住太久，1936 年（昭和十一年）便將洋樓租給因娶了顏雲年同族顏火炎之女顏對的畫家倪蔣懷，而他後來也隨著娘家一起投入礦業而致富。這棟洋樓在當時不僅是倪蔣懷的住宅、畫室，更是七星畫壇等眾多重要畫家共同聚會，宛如藝術沙龍般的藝文場所，七星畫壇的創始成員分別是倪蔣懷與陳英聲、陳承藩、

(上)林開郡洋樓不只有立面,還包括旁邊的五棟建築。(下)林開郡洋樓仍在整修中,民眾期待它的開館。

陳銀用、陳澄波、陳植棋、藍蔭鼎等七人，而提供這些藝術家創作場域的林開郡，應該也是個不錯的房東，倪蔣懷一直住到在田寮河畔的雙葉町購置新居後，才正式搬離該洋樓。

戰後，林開郡洋樓就一直作為出租用途，除了販售舶來品之外，最知名的應該就是提供美國大兵娛樂的美琪酒吧，關於林開郡洋樓的鬼故事，幾乎都是捏造自酒吧時期，例如陪酒侍女因感情緣故而在樓內上吊云云，或是失意酒女在酒吧縱火等謠言，這些故事填補了近代對於美援時期的想像，那些走過美援時期的人們，摸索著「美國」當時在台灣的形象，因而誕生出種種傳說。

然而經過文史考據以及地方耆老的口述歷史便可知道，這些鬼故事包括縱火案等等，全都是子虛烏有，因為林開郡洋樓的原始範圍是目前的愛一路 45 號、仁二路 267 號、265 號、263 號、261 號，依門牌號碼總共拆分成五棟，樓體保存得還算完整，並未有遭過祝融的痕跡，而謠傳最多鬼故事的是轉角愛一路 45 號這棟，美琪酒吧其實是租用仁二路 265 號這棟，如今還可以依稀看見當年的油漆店名，但這兩棟的產權在當時早已分割為不同人持份。

林開郡家族為基隆留下了這棟美麗的洋樓，但因為新的能源產業崛起，石油取代了燃煤，再加上 1980 年代台灣歷經多次重大死傷的礦災，礦量枯竭，坑道陸續封閉，林開郡洋樓年久失修，愛一路轉角這棟更是荒廢多年，所以民眾才繪聲繪影地捏造了許多鬼故事。期望基隆市政府在還原林開郡洋樓原貌的同時，也不忘繼續推動文史教育，讓民眾記住當年那些深入坑道，用性命掘炭的礦工們，將北海岸的炭礦故事，繼續傳講下去。⚓

參考資料

- 三峽鎮公所，1993 年，《三峽鎮鎮誌》，三峽鎮公所。
- 王志仁，2023 年，《許梓桑與基隆地方社會》，基隆博物館。
- 朱健炫，2023 年，《炭空：追尋記憶深處的煤鄉》，時報出版。
- 陳世一，2011 年，《基隆港、市與相關行業百年發展的歷程》，基隆市台灣頭文化協會。

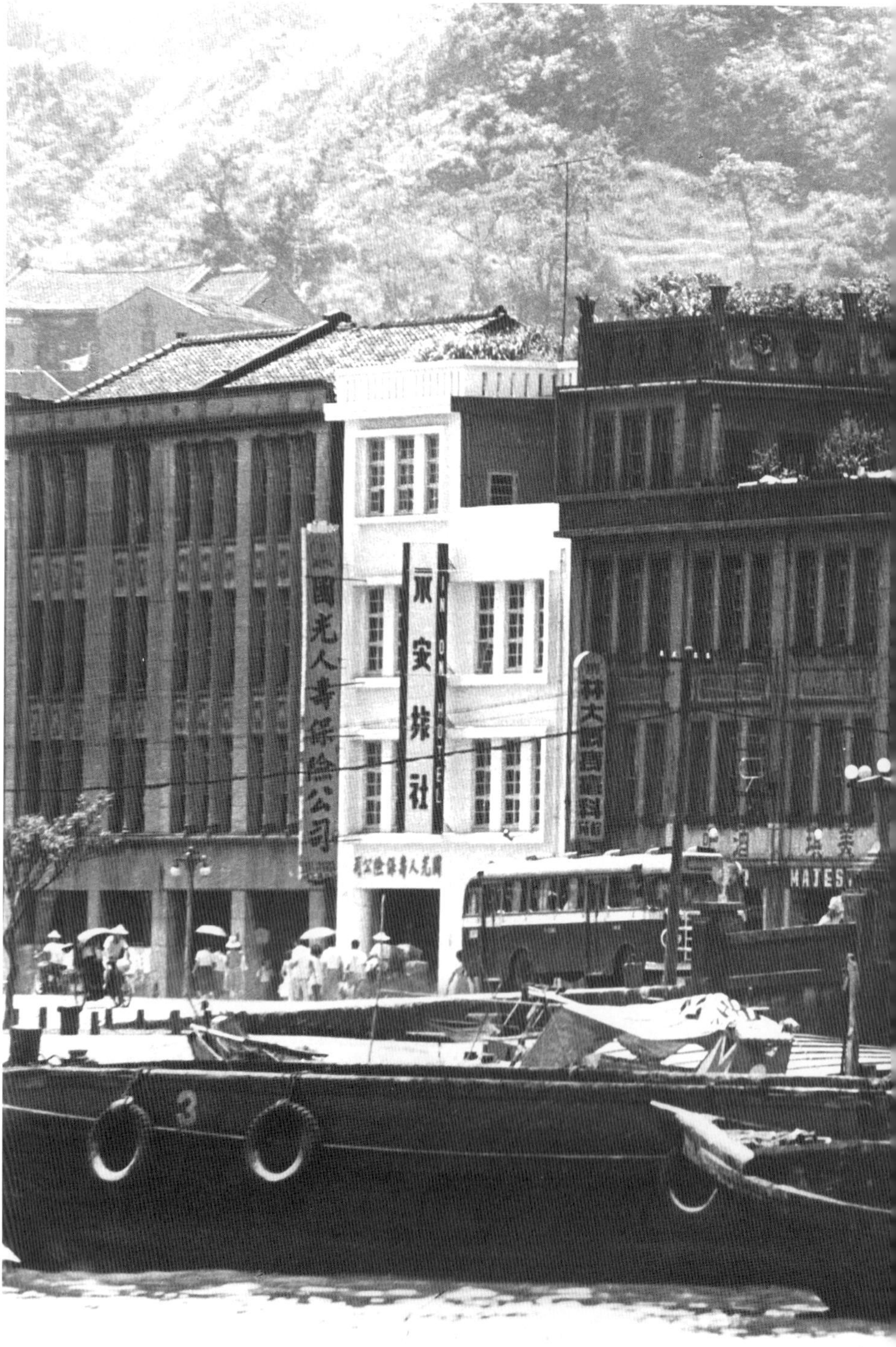
國光人壽保險公司
永安旅社
國光人壽保險公司

基隆早期紀實攝影師鄭桑溪所拍下的林開郡洋樓舊照。圖片提供：鄭天全。

Special thanks 附錄

特別感謝（依筆畫序）

Ray
三三電影製作有限公司
大樹影像工作室 林靜怡
天天開心霞姐
方凱弘
王俊昌
古基咖啡館
朱孟瑾
西打藍
東昊影業
金豆咖啡館
建走大叔
莊耀輝
陳明忠
貴美雜貨店
張明福
張火焰紀念館
基一社
基隆嗨嗨
愛哭の黑熊粉絲專頁
雞籠文史協進會
雞籠卡米諾

附錄：特別感謝

望 基 隆
船行年代的港城舊事

出版品預行編目（CIP）

望基隆：船行年代的港城舊事／好風土文化有限公司編著
一初版.一臺北市：蔚藍文化出版股份有限公司，2024.11，
224 面；15*23 公分；ISBN 978-626-7275-50-4（平裝）；
1. 港埠 2. 歷史 3. 人文地理 4. 基隆市

733.9／105.2　　　　　　　　　　　　　　113015629

編　　著──好風土文化有限公司

撰　　文──（依筆畫序）
Sabrina（汪怡君）、何昱泓、沈孟穎、
周馥儀、林炫辰、施博文、唐墨、
島國拾影、陳坤松、單彥博、楊凱傑、
葉玉雯、葉奕緯（西打藍）、廖湘玲

主　　編──翁健鐘
執行編輯──廖芷瑩
美術設計──張湘華
插　　畫──早　日
攝　　影──涂佳豪
顧　　問──葉奕緯

圖片提供──（依筆畫序）
Ray、三三電影製作有限公司、大樹影像工作室
林靜怡、中央社、中央研究院地理資訊科學研
究專題中心、中央研究院台灣史研究所檔案
館、王俊昌、保證責任基隆市第一住宅公用合
作社（基一社）、唐墨、島國拾影、財團法人陽
明海運文化基金會、國立臺灣大學圖書館、國
立臺灣歷史博物館、國史館臺灣文獻館、國家
圖書館、張作驥電影工作室、貴美雜貨店、廖
芷瑩、台灣國定古蹟編纂研究小組、鄭天全、
雞籠文史協進會、雞籠卡米諾

印　　刷──世和印製企業有限公司
定　　價──新臺幣 450 元
ISBN ──978-626-7275-50-4
初版一刷──2024 年 11 月

策　　畫──財團法人陽明海運文化基金會

總 策 畫──邱增玉、林宜正、林秀玲
策　　畫──張芯瑜、何采曄

出　　版──蔚藍文化出版股份有限公司

社　　長──林宜澐
總 編 輯──廖志墭
地　　址──110 台北市信義區基隆路一段
　　　　　　176 號 5 樓之 1
電　　話──02-2243-1897
臉　　書──https://www.facebook.com/
　　　　　　AZUREPUBLISH/
讀者服務信箱──azurebks@gmail.com

指導單位──文化部

總 經 銷──大和書報圖書股份有限公司
地　　址──24890 新北市新莊區五工五路2號
電　　話──02-8990-2588

法律顧問──眾律國際法律事務所

著作權律師──范國華律師
電　　話──02-2759-5585
網　　站──www.zoomlaw.net

版權所有・翻印必究
本書若有缺頁、破損、裝訂錯誤，請寄回更換